50 promenades faciles avec vos enfants ■•●■•

Pays basque

Julie Daurel

Louis Audoubert

MILAN

300, rue Léon-Joulin
31101 Toulouse
ISBN 2.84113.176.9
Réalisation : Libris à Grenoble
Conception Graphique : Guy Parmentier
Maquette : Laure Roussel
Cartes : Emanuel Daurel
Les photographies sont de Louis Audoubert-SCOPE

L'automne sur les prairies entre Mauléon et Barcus

INTRODUCTION

Tellement de choses – et leur contraire – ont été dites et écrites sur les Basques et leur pays, suscitant souvent les sarcasmes des principaux intéressés à l'image de Francis Jammes qui se moquait des *« snobs aux sandales liées de faveurs roses qui s'imaginent avoir scruté les abîmes d'une âme énigmatique parce qu'ils ont mangé à La Réserve, une omelette aux piments »*. Prudence, donc.

Le pays est rebelle aux généralisations et doit, pour tous ceux qui ne sont pas tombés dedans quand ils étaient petits, se découvrir sur la pointe des pieds. Profitez de la présence à vos côtés de vos chères têtes blondes pour parcourir sans hâte les recoins préservés de son front de mer, ses milliers de collines qui s'assemblent à merveille sans jamais se ressembler, ses montagnes, câlines ou renfrognées selon le temps, selon le vent, et puis les canyons, les grandes forêts et les déserts des provinces du Sud.

Eglise trinitaire de Charritte-de-Bas, en Soule

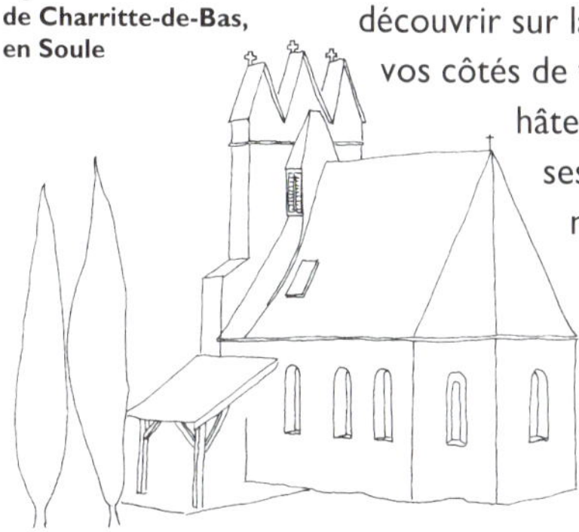

Comme le Ramuntcho de Pierre Loti, soyez *« leste, hardi et jeune, enfant encore, capable*

de jouer en route, comme s'amusent les petits montagnards, avec un caillou, un roseau, ou une branche que l'on taille en marchant ». Apprenez à vos enfants à voir les truites dans le torrent et les vautours dans le ciel, à sentir la fragilité du colchique et la force du grès, à goûter la douceur des cerises et l'âpreté du fromage de brebis. Comme eux, soyez curieux de tout et de tous. Montrez-vous intéressé – pas casse-pieds – et les Basques vous raconteront des tas d'histoires passionnantes dans les villages, dans les fermes ou dans les cayolars* de montagne. Les plus âgés chercheront parfois leurs mots et s'excuseront de ne pas mieux parler le français. Et de fait, vous serez, à ce stade, tombé sous le charme du Pays basque et de ses habitants et vous aurez envie de vous attaquer à cette satanée langue que Jammes, encore lui, trouvait *« douce comme la chanson lointaine des torrents mais avec, de temps à autres, le bruit des roches entrechoquées »...* ou de laisser vos enfants l'apprendre bien plus vite et bien mieux que vous !

Malgré tous nos efforts pour mettre à votre disposition des descriptions d'itinéraire et des croquis précis, nous ne pouvons nous substituer entièrement aux cartes IGN au 1/25 000 dont les références sont indiquées dans la marge au début de chaque balade. Côté espagnol, les cartes militaires au 1/50 000 sont rarement d'une grande utilité. Nous vous recommandons, pour accéder aux départs de ces itinéraires, la carte IGN Série verte au 1/100 000 Pau • Bayonne et la carte Michelin España n° 442 au 1/400 000.

La toponymie est, au Pays basque, un véritable casse-tête, selon que l'on opte pour les appellations locales ou leur

Une jolie ferme au bord du Grio

Le port de Saint-Jean-de-Luz

version francisée. On ne peut pas toujours deviner que La Rhune, Larroun, Larrun désignent une seule et même montagne. Au risque de mélanger un peu les recommandations des différentes écoles, nous vous donnons, pour une identification plus facile, l'orthographe retenue dans la dernière édition des cartes que nous recommandons. Les noms accompagnés d'un astérisque renvoient, en outre, à un lexique des termes basques et techniques les plus couramment utilisés. Tous les circuits présentés dans ce livre ont été parcourus au cours de l'année 1994. Les renseignements donnés sont valables à cette date. Les termes « à droite » ou « à gauche » s'entendent dans le sens de la marche, alors que les termes « rive droite » ou « rive gauche » suivent le sens de l'écoulement des eaux. La dénivelée indiquée représente le total des montées. Ces randonnées ont été classées selon trois échelles de difficulté.
* : promenade courte et facile, à faire sans problème avec les plus petits, même s'il convient parfois de les porter sur de courts passages.
** : randonnée facile mais assez longue qu'il vaut mieux ne pas faire avec des enfants de moins de six-sept ans.
*** : randonnée qu'il faut réserver aux enfants marchant bien (10 ans et plus) du fait de sa longueur ou de sa dénivelée.

Sur le flanc nord du Chapeau de Gendarme

Dans tous les cas, n'hésitez pas à prévoir deux ou trois heures de plus que l'horaire indiqué pour le plaisir de regarder les fleurs, observer les animaux, faire des photos et pique-niquer. En montagne, choisissez des chaussures qui tiennent bien le pied avec une semelle à relief.
Les changements de temps peuvent rapidement rendre un sentier facile glissant et dangereux. Emportez toujours des vêtements chauds et une veste imperméable. Prenez aussi des vivres et une gourde pour éviter les « coups de pompe ».
Enfin, profitez de l'occasion pour donner de bonnes habitudes à vos enfants : emportez des sacs en plastique pour redescendre facilement les reliefs de vos pique-niques ; apprenez-leur à respecter les cabanes de berger et les clôtures ; expliquez-leur que, s'ils ne referment pas les barrières derrière eux, le bétail aura tôt fait de vagabonder dans la montagne !

Page de droite : Sur les hauteurs de Sare

Place du Fronton à Saint-Martin-d'Arrossa

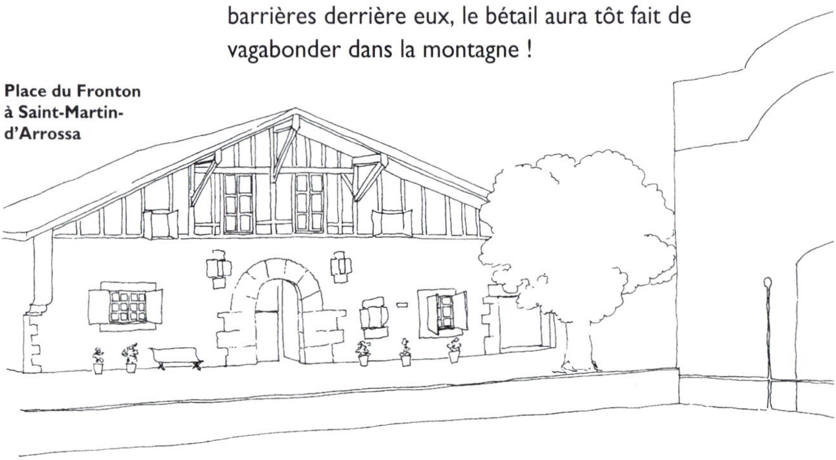

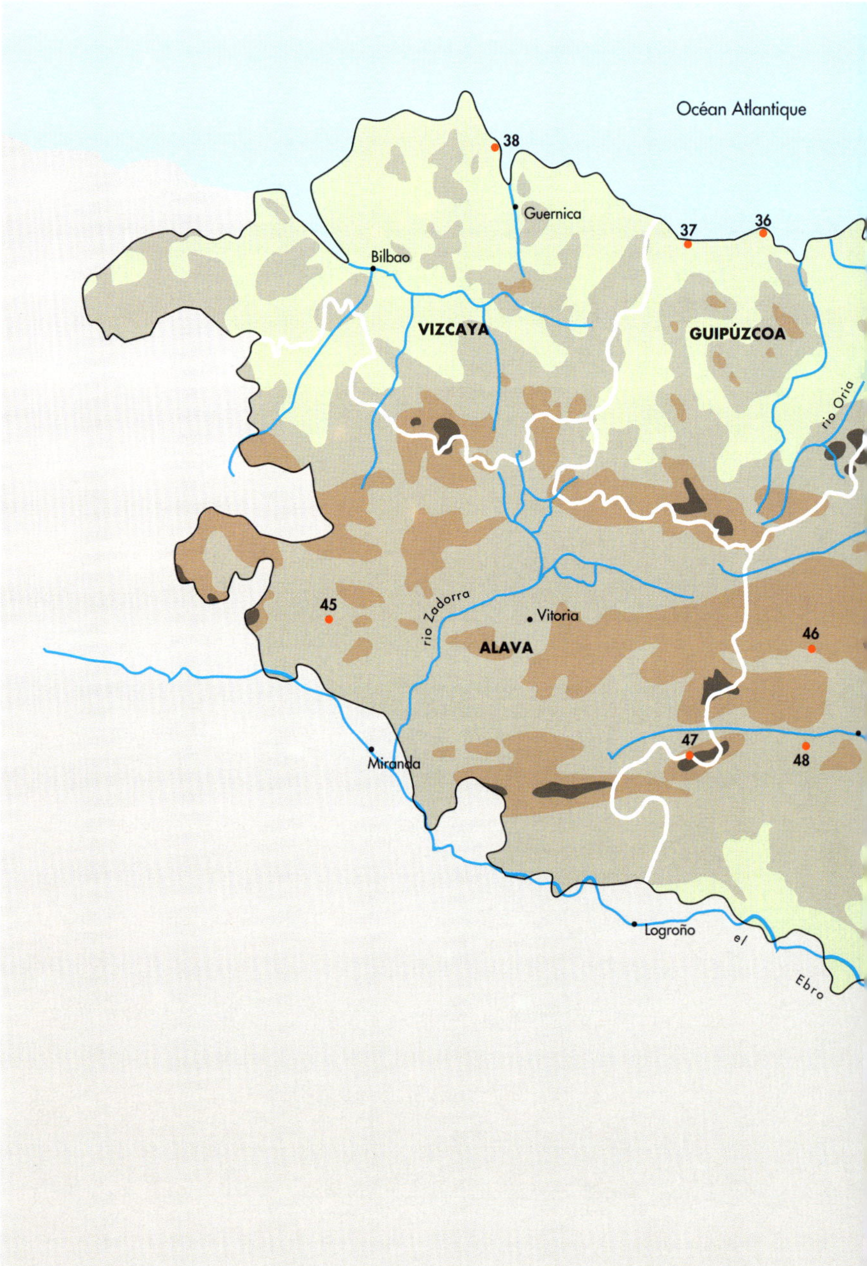
Océan Atlantique
38
Guernica
37
36
Bilbao
VIZCAYA
GUIPÚZCOA
rio Oria
45
rio Zadorra
Vitoria
ALAVA
46
47
48
Miranda
Logroño
el
Ebro

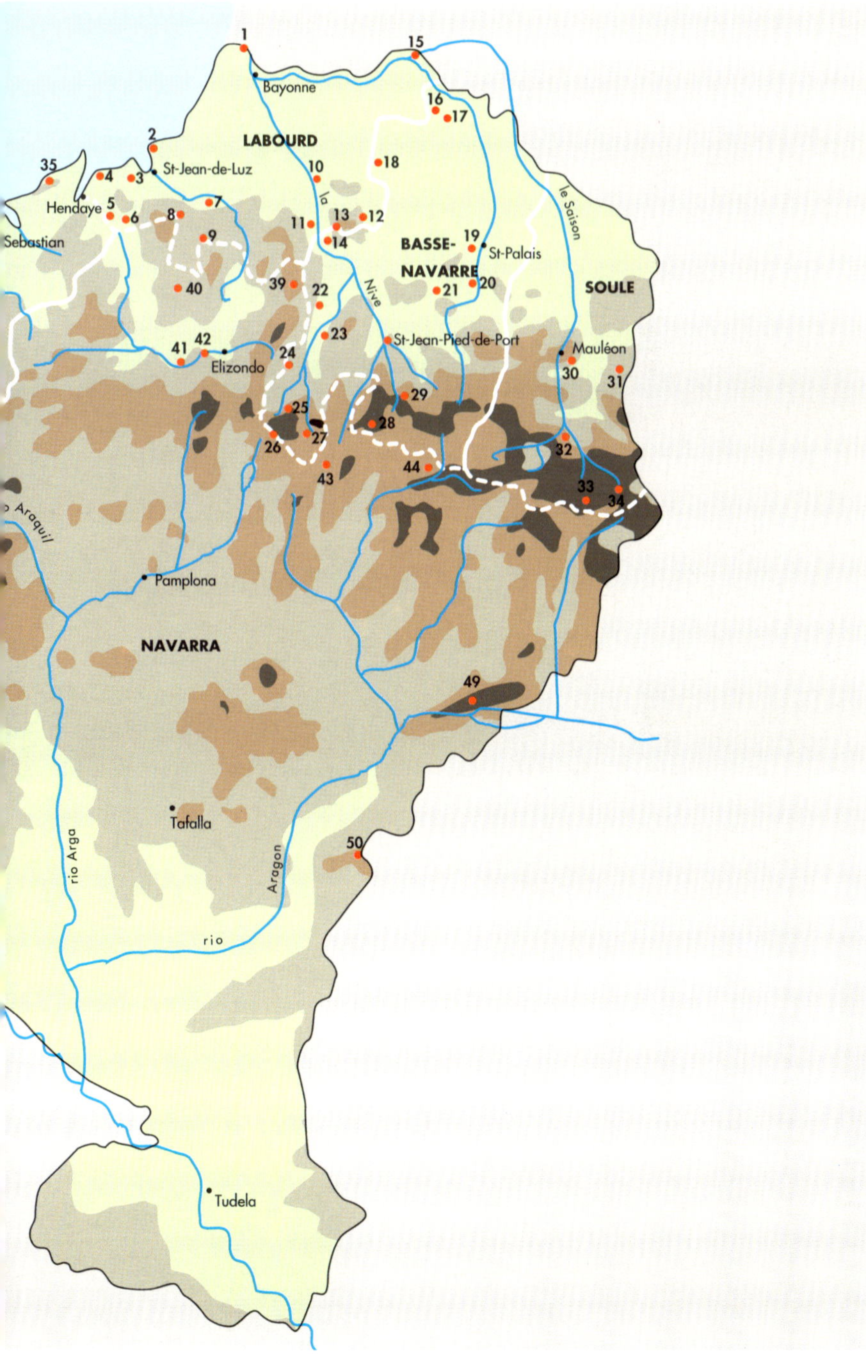
1
Bayonne
15
16
17
2
LABOURD
35
4
3
St-Jean-de-Luz
10
18
Hendaye
5
6
7
8
11
13
12
la
Sebastian
9
14
BASSE-
NAVARRE
19
St-Palais
le Saison
Nive
40
39
22
21
20
SOULE
23
41
42
Elizondo
24
St-Jean-Pied-de-Port
Mauléon
30
31
25
29
28
27
26
43
44
32
33
34
Araquil
Pamplona
NAVARRA
49
Tafalla
rio Arga
Aragon
50
rio
Tudela

SOMMAIRE

LA SOULE

LE VERSANT SUD

LE LABOURD

LE BOIS GUILHOU

LE JARDIN DES EXPLORATEURS

1

Dénivelée : 34 m
Altitude max. : 45 m
Horaire : 1 h 15
Carte : IGN TOP 25 1/25 000 1344 OT Bayonne • Anglet • Biarritz
Difficulté : *

À Boucau, sur la rive nord de l'Adour, on vient d'ouvrir au public un parc délicieux, aménagé à la fin du XIXe siècle par Ernest Guilhou, héritier d'une très riche famille de banquiers. Autour des dépendances du château, qui ne survécut pas à un incendie, 14 hectares d'essences toutes plus exotiques les unes que les autres vous attendent pour une promenade de charme au-dessus de l'Adour. Les sentiers qui virevoltent au gré des collines parmi les fougères géantes, la bambouseraie pleine de cachettes, la majestueuse allée des palmiers et le petit pont romantique qui enjambe la Lèbe raviront les explorateurs en culotte courte à l'intention desquels un amoureux du bois a rédigé avec soin des panonceaux explicatifs pour les aider à reconnaître tous ces arbres extraordinaires.

Le petit pont sur la Lèbe

ACCÈS

De la gare de Bayonne, longer l'Adour, entrer dans Boucau et prendre à droite la rue Georges Politzer en direction de la mairie. Un portail surmonté d'un toit de tuiles marque, à droite, l'entrée du bois Guilhou. Laisser la voiture sur le parking, à droite, après le portail.

ITINÉRAIRE

Du parking, suivre l'allée goudronnée qui monte à droite. On arrive rapidement en vue des anciennes dépendances du château (attention, contrairement au jardin, c'est une propriété privée !).
Prendre alors à gauche le chemin qui descend le long de la pelouse. Plus bas, juste avant de rejoindre le chemin de Grasincaou, passer un caillebotis à

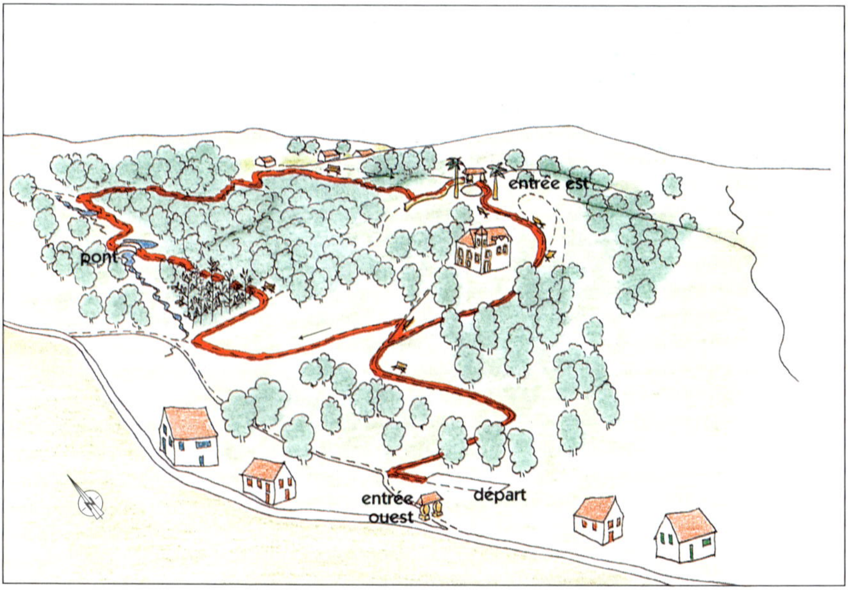

droite et suivre le sentier qui longe une bambouseraie par la droite et entre dans un bosquet. On rejoint une fourche où l'on tourne à gauche, au niveau d'un banc. Prendre encore à gauche la direction du pont de fer à la fourche suivante. Franchir ce joli pont qui fut offert par la riche famille Numa, originaire des Asturies, lorsqu'un de ses fils épousa une demoiselle Guilhou. Contourner ensuite la mare par la gauche et continuer dans la même direction.

On passe à droite de la source de la Lèbe. Au niveau d'un caillebotis, prendre à droite la direction de l'école maternelle, puis encore à droite à la fourche suivante. Monter un petit escalier bordé de fougères et tourner à droite derrière un gros pin. On gravit une nouvelle série de marches et l'on rejoint un chemin que l'on suit à gauche. Continuer jusqu'à la lisière du bois et tourner à droite. Le sentier passe près d'un petit banc en descendant, fait quelques lacets sur de petits escaliers. Il rejoint un chemin plus large que l'on traverse pour remonter à gauche le long d'un mur. On arrive alors à l'entrée est du parc, devant un spectaculaire massif de palmiers. Descendre la grande allée qui passe entre les anciennes terrasses du château et rejoint les dépendances, puis l'itinéraire de l'aller.

LA POINTE DE SAINTE-BARBE

LA BAIE DES CORSAIRES

2

Dénivelée : 40 m
Altitude max. : 40 m
Horaire : 1 h 00
Carte : IGN TOP 25 1/25 000 1245 OT Hendaye • Saint-Jean-de-Luz
Difficulté : *

Rien de tel que cette promenade miniature pour se mettre en jambes en douceur par une belle fin d'après-midi ensoleillée. C'est, en effet, la meilleure heure pour découvrir la magnifique baie de Saint-Jean-de-Luz, le casino de Mallet Stevens, les petites cabines de bain bleues sur la plage, les belles maisons basques du front de mer, Ciboure, où naquit Maurice Ravel et enfin, à l'ouest, le fort de Socoa. Corsaires du roi redoutés, pêcheurs poursuivant la baleine jusqu'au Groenland ou la morue jusqu'au Canada, cascarotes partant tous les jours livrer à pied le poisson frais aux Bayonnais... les Luziens se sont traditionnellement tournés vers la mer qui leur offrait des métiers difficiles mais pleins de rebondissements. Aujourd'hui, le temps des grands voyages est révolu : thons, sardines, anchois et touristes se pêchent beaucoup plus près de nos côtes...
Le massif de la Rhune domine majestueusement la baie de ses formes douces, laissant deviner, là-bas, tout un monde de montagnes vertes et sauvages... Et si vos enfants sont peu contemplatifs de nature, ils pourront toujours inspecter la petite chapelle Sainte-Barbe, lire les panneaux explicatifs du sentier botanique, étudier la table d'orientation émaillée, découvrir un belvédère secret au-dessus de la mer, tester balançoires et toboggans ou courir sur la plage pour voir les surfeurs et ramasser des chapeaux chinois...

Près de la pointe de Sainte-Barbe : les falaises de flysch

Dans la baie
de Saint-Jean-de-Luz

ACCÈS

De Saint-Jean-de-Luz, prendre la N 10 en direction de Guéthary et Biarritz. À la sortie de la ville, juste avant de franchir la voie ferrée dans un virage très marqué, prendre à gauche la rue qui monte en direction de la pointe Sainte-Barbe et du restaurant La Réserve. Laisser la voiture sur le parking devant le restaurant.

ITINÉRAIRE

Prendre le large chemin qui surplombe l'océan. Les petits panneaux du sentier botanique vous permettent d'identifier les plantes au bord du chemin. Suivre à droite le chemin qui descend vers la jetée où vous pourrez vous promener si la mer est calme. On y découvre les falaises de flysch torturées typiques de la côte basque et quelques maisons de rêve avec vue imprenable sur l'océan.
De retour sur la hauteur, suivre à droite l'escalier de rondins qui monte à la chapelle Sainte-Barbe et à la table d'orientation. Longer ensuite la clôture et descendre une volée d'escaliers qui conduit à un joli petit belvédère sur la baie. Continuez par les escaliers de droite et enchaînez sur les jeux pour enfants ou le boulevard du bord de mer et la plage. En deux mots, vous avez quartier libre avant de rejoindre le sentier botanique qui vous ramènera à la voiture.

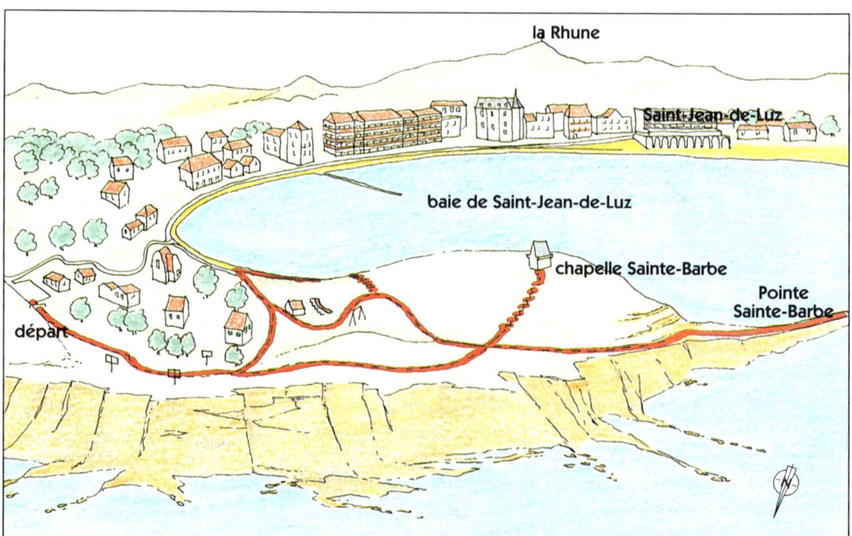

SUR LES HAUTEURS D'URRUGNE

LA ROUTE DES CRÊTES

3

Dénivelée : 174 m
Altitude max. : 105 m
Horaire : 2 h 30
Carte : IGN TOP 25 1/25 000 1245 OT Hendaye • Saint-Jean-de-Luz
Difficulté : **

Entre mer et montagnes, entre tourisme et agriculture, Urrugne semble avoir un peu de mal à se décider. Il faut en profiter pour faire de bucoliques promenades à travers champs, à quelques minutes à peine des plages, dans ces paysages verts et bleus qui évoquent un peu l'Irlande ou la Californie. De petites routes vous mèneront, de fermes anciennes en résidences secondaires, jusqu'à la petite chapelle Notre-Dame-de-Socorri. D'allure un peu kitsch, elle se dresse dans son enclos ombragé parmi les tombes des victimes des épidémies de choléra de 1833 et 1855. Puis, entre deux haies de ronces où vous ferez une orgie de mûres à la fin de l'été, vous passerez en balcon au-dessus d'Urrugne et de sa belle église de type guipuzcoan. Vous n'aurez plus qu'à vous en retourner par la route des crêtes, parmi les champs et les prés. À droite, la Rhune ne vous quitte pas des yeux, comme une grande sœur bienveillante, alors que la baie de Loia s'ouvre sur votre gauche, avec sa petite île abritée des vents, ses vols d'oiseaux et quelques voiliers blancs qui tirent des bords au large.

L'Océan depuis la route des Crêtes

Notre-Dame-de-Socorri

ACCÈS

De Saint-Jean-de-Luz, suivre la N 10 en direction d'Hendaye. Juste après un grand centre Leclerc, prendre à droite la direction de l'A 63. Au « stop » suivant, prendre à gauche la D 913 vers Hendaye-plage et Socoa, passer un premier pont sous la voie ferrée puis un deuxième pont sur le ruisseau Unxin et tourner à gauche au niveau d'un panneau « Serrez à droite ». On entre dans une petite zone industrielle. Tourner aussitôt à droite pour suivre la contre-voie. Prendre à gauche au bout, passer devant un village-vacances et, à la patte d'oie suivante, continuer tout droit en direction du camping Unxin. Continuer encore tout droit à l'embranchement suivant et longer le camping par la droite. On arrive ensuite à une patte d'oie où une impasse est signalée à gauche.
Laisser la voiture sur une bande herbeuse au pied de ce panneau.

ITINÉRAIRE

Cet itinéraire est balisé en bleu et blanc. Continuer dans cette impasse et franchir le tunnel de chemin de fer. Quitter la route dans le premier virage sur la gauche et suivre la piste caillouteuse qui monte raide à gauche. Gravir une colline avec une belle vue, à droite, sur les Trois Couronnes. Laisser une piste à gauche. Le chemin oblique à droite entre deux champs puis entre dans un bosquet de chênes.
Passer ensuite sous une maison, en profitant, à gauche, de très belles vues sur la baie de Socoa à gauche et la Rhune à droite. Rejoindre la maison Hirigoinborda et suivre la petite route en face. Continuer tout droit aux deux carrefours suivants à travers un quartier résidentiel pour rejoindre la chapelle de Socorri. Après la visite, reprendre la petite route et descendre l'allée de conifères.
Prendre en face au carrefour marqué d'une croix et d'un bouquet d'arbres. Traverser un nouveau quartier. Au niveau de la maison Iratzaldea, une piste succède à la route entre deux haies de mûres. On rencontre quelques palombières :

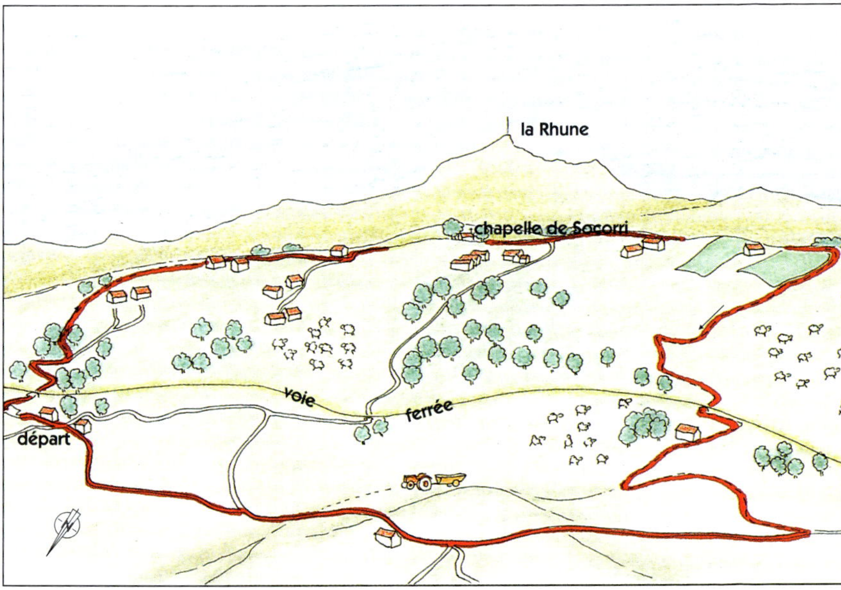

soyez vigilants pendant l'ouverture de la chasse. Laisser à droite trois accès à des champs. On croise peu après une piste mieux tracée que l'on suit à droite le long d'une haie. Bien repérer les balises sur un aubépinier car le départ n'est pas toujours évident.

On passe en balcon au-dessus de champs remplis de boutons d'or, de marguerites, de trèfles roses. La piste part en direction de la mer, puis descend raide dans le creux du vallon. Un sentier lui succède. Il oblique à droite puis à gauche et passe à la limite du bois, le long d'un champ.

Au niveau d'une clôture, on rejoint une piste qui part à gauche et passe sous la voie ferrée avant de la longer par la droite. Traverser un ruisseau puis suivre à droite, entre deux champs, une piste gravillonnée. Elle rejoint la jolie route des crêtes que l'on suit à droite.

Prendre à droite, à l'embranchement suivant (liaison cyclable Bayonne-Hendaye). Plus loin, continuer à gauche sur la piste cyclable dont le départ est marquée par deux rochers. On rejoint en contrebas la petite route qui descend de plus en plus raide. Elle rejoint une autre route que l'on suit en face. Continuer sur la voie cyclable.

Une route arrive sur la gauche et l'on rejoint peu après l'embranchement où vous attend la voiture.

LE DOMAINE D'ABBADIA

MERVEILLES D'EXOTISME

4

Dénivelée : 25 m
Altitude max. : 42 m
Horaire : 1 h 30
Carte : IGN TOP 25 1/25 000 1245 OT Hendaye • Saint-Jean-de-Luz
Difficulté : *

Un verger magique avec plus de cent variétés anciennes de pommiers et cinquante sortes de cerisiers, des lapins et des faisans qui batifolent au pied des arbres, un troupeau de moutons, un château construit par Viollet-le-Duc avec une débauche médiévale de créneaux, mâchicoulis et donjons, un observatoire astronomique, des plantes rares comme des orchidées, des œillets sauvages et des marguerites à feuilles grasses, des cormorans, des fous de Bassan et des petits pingouins sur les rochers au large... Pouvait-on imaginer autant de merveilles à deux pas du centre d'Hendaye ? Et pourtant vous trouverez tout cela et bien plus encore à Abbadia.

Aujourd'hui propriété du Conservatoire du littoral, le domaine appartenait au siècle dernier à Antoine d'Abbadie. Ce gentleman, souletin par son père et irlandais par sa mère, parcourut le monde entier, se faisant géographe, ethnologue,

Sur les falaises d'Abbadia

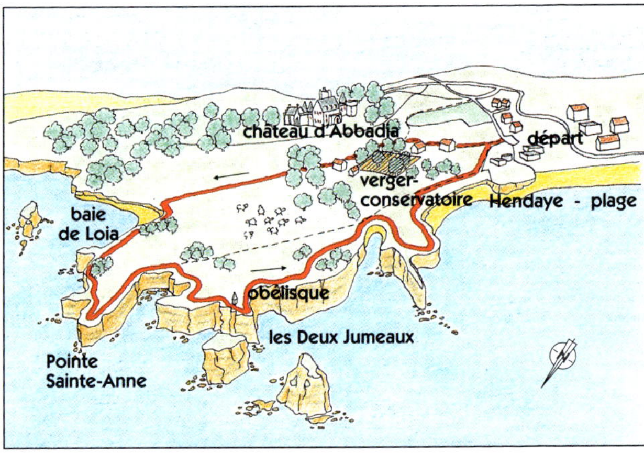

linguiste et astronome au fil de ses découvertes. Son amour des voyages ne l'empêchera pas de se passionner pour la langue et la culture basques qu'il défendra depuis sa résidence hendayaise jusqu'à sa mort, en 1897.

ACCÈS

Du casino d'Hendaye, longer la plage au nord-est et suivre la D 912 en direction de Saint-Jean-de-Luz. Au bout de la plage, la route commence à monter décrivant plusieurs virages. Tourner à gauche au premier feu en direction du domaine et continuer jusqu'au parking. Suivre alors, à droite, le chemin qui mène à la maison de la Lande.

ITINÉRAIRE

De la maison de la Lande, partir au nord-est, passer à droite du verger-conservatoire, puis à gauche des prairies où se dresse le château pour rejoindre le sentier des falaises où il vaut mieux tenir les enfants par la main.

On le suit à gauche en balcon au-dessus de la baie et de l'île de Loia.

Continuer à travers la lande au nord et suivre la côte jusqu'à la pointe Sainte-Anne.

De la pointe, partir ensuite au sud-ouest en direction des gros rochers roses que l'on appelle les Deux Jumeaux.

Contourner alors l'obélisque et continuer, en bordure de mer, sur le sentier qui vous ramènera ensuite, au sud-ouest, à votre voiture.

LE GR 10 D'HENDAYE À BIRIATOU

EN ROUTE POUR LA MÉDITERRANÉE !

5

Dénivelée : 154 m
Altitude max. : 130 m
Horaire : 2 h 30
Carte : IGN TOP 25 1/25 000 1245 OT Hendaye • Saint-Jean-de-Luz
Difficulté : **

Le sentier de grande randonnée appelé GR 10 qui traverse les Pyrénées de l'Atlantique à la Méditerranée part, les pieds dans l'eau, du casino d'Hendaye. Allez donc piquer une tête dans l'océan avant d'attaquer ce premier tronçon symbolique, l'un des rares qui soit suffisamment court pour être à la portée des petites jambes. Continuez le long de la vaste baie de Chingoudy, une halte bienvenue pour les oiseaux migrateurs qui aiment y reprendre des forces avant de franchir les Pyrénées. Les canards, siffleurs, souchets et cols-verts, sont des habitués des lieux avec de gracieux limicoles comme le courlis cendré, le chevalier gambette, le grand gravelot, l'avocette et le pluvier argenté. Des panneaux explicatifs vous aideront à les reconnaître à coup sûr.
Puis vous quitterez petit à petit la mer pour les collines de l'arrière-pays, les fougeraies, les petites routes bordées de châtaigniers et les bruits de la ville ne seront plus qu'un lointain souvenir lorsque vous atteindrez le village de Biriatou et sa place miniature où se côtoient la mairie, le fronton, l'église et de belles maisons anciennes. C'est ici que se termine cette grande aventure, mais rien ne vous empêche de rêver de Banyuls à l'autre bout du chemin !

La campagne aux portes d'Hendaye

Surfcasting sur la plage d'Hendaye

ACCÈS

Cette balade se fait à deux voitures. De Biarritz, prendre la N 10 en direction de Saint-Jean-de-Luz et Hendaye. À Béhobie, juste avant la frontière espagnole, suivre, le long de la Bidassoa, la N 111 puis la D 258 jusqu'à Biriatou. (On peut aussi prendre l'A 63 jusqu'à l'échangeur d'Hendaye et sortir juste avant la frontière pour rejoindre directement la D 258). Laisser une première voiture sur l'un des parkings, en contrebas de la place de Biriatou. Reprendre la D 258 puis la N 111 jusqu'au casino d'Hendaye-plage et laisser la deuxième voiture sur le vaste parking du bord de mer.

ITINÉRAIRE

Cet itinéraire est balisé de rouge et blanc. Prendre le boulevard du Général-Leclerc qui part en face du casino mauresque. On arrive sur un rond-point planté de palmiers que l'on va contourner par la droite pour prendre la rue des Citronniers. Remonter à gauche le boulevard de la Baie de Chingoudy. Au bout du boulevard, prendre à droite un sentier goudronné, bordé de tamaris. Il longe la baie et passe à droite d'une aire de jeux pour enfants. On arrive à un pont juste avant lequel il faut prendre un petit escalier sur la gauche. Traverser l'avenue et prendre en face la rue de Belcenia. On arrive à un rond-point où l'on prend en face la rue Pellot puis, à gauche, la rue du commandant Passicot. Plus haut, franchir la voie ferrée par un passage souterrain. Remonter la ruelle qui part en face et débouche sur une route plus large que l'on remonte à gauche. Prendre à droite la rue Errodenia qui traverse un lotissement. Tourner à droite au bout et laisser

une première piste à gauche. Après les dernières maisons, prendre à gauche un chemin de terre. Continuer au milieu à l'embranchement suivant. « Il est rappelé aux chasseurs qu'il est interdit de tirer sur tout ce qui bouge », rappelle un panneau. Ouvrez tout de même l'œil quand la chasse est ouverte. On arrive à un embranchement où l'on prend à droite. Continuer tout droit à la fourche suivante.
Au niveau d'un groupe de maisons, le chemin se transforme en piste gravillonnée et rejoint la N 10, très passante mais qu'il faut traverser et remonter à gauche brièvement avant de prendre le sentier qui part à droite près d'une cabane blanche. Le sentier traverse un bosquet et rejoint un chemin plus large que l'on suit à gauche. Un sentier lui succède, descend raide vers un groupe de maisons et rejoint une petite route que l'on suit à gauche. Prendre à droite, à l'embranchement suivant, la petite route qui descend dans le creux du vallon. À la fourche suivante, continuer à gauche, en descendant. On débouche sur une nouvelle route que l'on suit brièvement en face avant de prendre la première à droite et de passer, grâce à un tunnel, sous l'autoroute. Continuer à droite jusqu'à une nouvelle route que l'on suit à gauche. Laisser une piste à gauche pour continuer à flanc et prendre à droite à l'embranchement suivant. On quitte ici le balisage du GR 10. Dans le bas de la descente, prendre, à droite avant un panneau « stop », le petit escalier qui vous fera déboucher sur la place centrale de Biriatou.

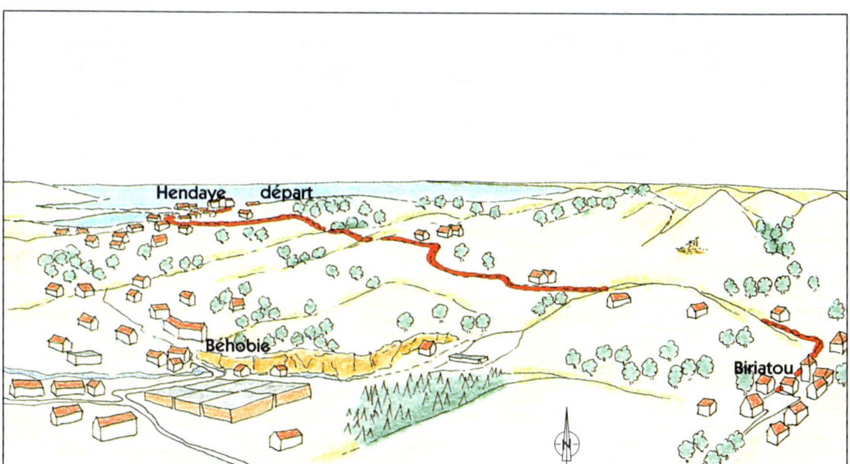

LE MONT DU CALVAIRE

LA MER, QU'ON VOIT DANSER...

6

Dénivelée : 125 m
Altitude max. : 275 m
Horaire : 1 h 00
Carte : IGN TOP 25 1/25 000 1245 OT Hendaye • Saint-Jean-de-Luz
Difficulté : *

De la petite chapelle du Calvaire, toute simple avec sa grande croix et son enclos en dalles de la Rhune, on découvre des vues magnifiques sur l'Espagne, Hendaye, et surtout sur la jolie baie de Saint-Jean-de-Luz. Les rouges-gorges adorent les hauteurs du calvaire, au point de nicher parfois dans la chapelle ! Si certains sont sédentaires, beaucoup débarquent de Scandinavie à l'automne. Un long voyage pour cette petite boule de 15 grammes ! Chacun vous fera un brin de conduite surveillée jusqu'aux limites de son territoire car, sous ses airs familiers, le rouge-gorge cache un caractère de cochon. Ses tic.tic.tic insistants signalent aux autres rouges-gorges qu'ils sont sur son territoire et, si un intrus s'obstine, il entame les manœuvres d'intimidation. Les mâles sont parfois si agressifs qu'ils menacent n'importe quoi, même une pelote de laine rouge ! Vous pouvez d'ailleurs vous amuser à définir le territoire du rouge-gorge qui s'est installé dans votre jardin en plaçant un grand miroir sur le sol et en notant les endroits où l'oiseau, se sentant chez lui, attaque son image et ceux où au contraire il la fuit.

ACCÈS

Sur la N 10 entre Saint-Jean-de-Luz et Hendaye, laisser à gauche, à la hauteur d'Urrugne, la D 4 qui monte au col d'Ibardin. Prendre la deuxième route, moins marquée, qui part à gauche, avant une station-service, en direction du col.

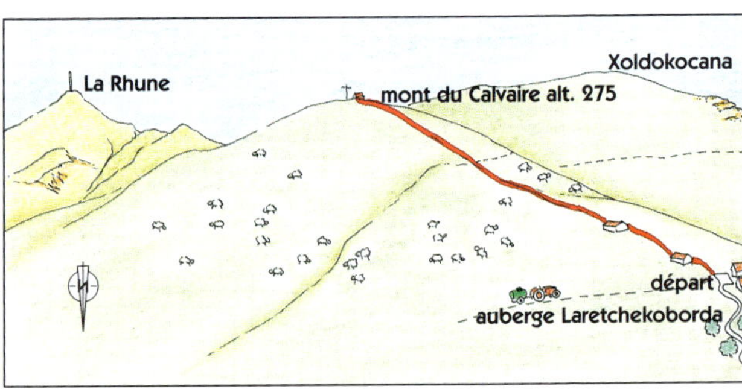

La côte basque depuis les flancs du Xoldokocana

Passer le pont sur l'autoroute et prendre la première à droite en direction du Calvaire. Continuer tout droit jusqu'à un quartier où l'on tourne à droite.
La route descend très raide, longe l'autoroute, traverse un quartier et monte en lacets assez secs jusqu'à l'auberge Laretchekoborda sur le parking de laquelle vous pouvez laisser votre voiture.

ITINÉRAIRE

Cet itinéraire est balisé en bleu et blanc. Suivre la piste qui part au sud-est, longeant la rangée d'ifs d'un jardin particulier.
On franchit aussitôt une barrière avant de longer une maison grise par la droite. Continuer sur ce large chemin qui monte sans détours. On arrive, sous le sommet, à une patte d'oie.
Suivre le chemin de gauche qui vous conduira directement à la petite chapelle du Calvaire.
Suivre le même itinéraire au retour.

La petite chapelle du Calvaire

LE SUHALMENDI

SARE SUR UN PLATEAU

7

Dénivelée : 258 m
Altitude max. : 301 m
Horaire : 2 h 30
Carte : IGN TOP 25 1/25 000 1245 OT Hendaye • Saint-Jean-de-Luz
Difficulté : **

Si vous gardez dans votre musette des images du Pays basque tout droit sorties de Ramuntcho, le village de Sare vous semblera agréablement familier avec son fronton, qui vit maintes parties de pelote mémorables, ses maisons à arcades, ses grands et petits restaurants et sa belle église XVIIe pourvue d'un clocher carré à cinq étages. Eh oui, Sare, c'est l'Etchezar de Pierre Loti ! Mais l'habitat basque est traditionnellement dispersé et, à l'écart de la place du village, vous découvrirez bien d'autres merveilles : des fermes et des bordes* qu'il faut débusquer au gré des petites routes et des chemins. Du sommet du Suhalmendi, les maisons blanches de Sare ressemblent à des moutons. Si certaines sont groupées en un sage troupeau autour de l'église, les autres s'égaillent dans les collines voisines, s'enhardissant même sur les flancs de l'Atxuria, le sommet-frontière qui veille sur elles comme un grand berger gris.

ACCÈS

De Saint-Jean-de-Luz, suivre la D 918 jusqu'à Saint-Pée-sur-Nivelle que l'on traverse avant de prendre la D 3 à droite. Au quartier de Cherchebruit, suivre à droite la D 4 jusqu'au

Les hauts de Sare au coucher de soleil

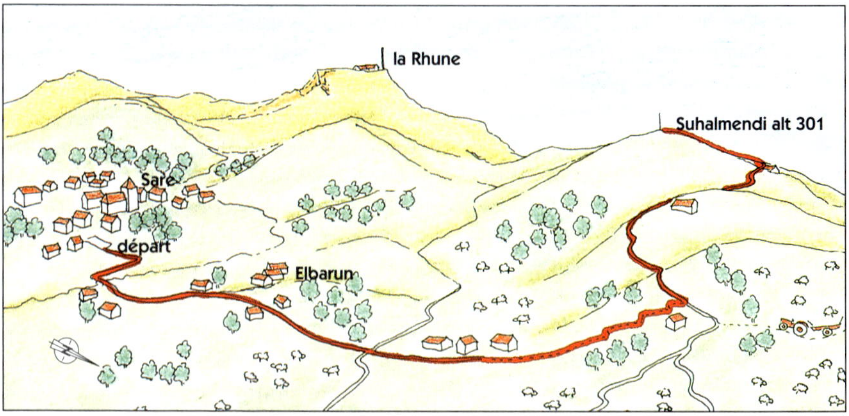

centre de Sare où l'on prend la rue qui descend à droite devant l'église. Laisser la voiture sur le parking que l'on trouve 100 m plus loin à gauche.

ITINÉRAIRE

Cet itinéraire est balisé en bleu et rose. Prendre la route qui descend le long du parking, puis tourner à gauche pour franchir un petit pont. Passer à gauche d'une jolie maison de maître et entrer dans le quartier d'Elbarun. Continuer à droite à l'embranchement suivant et sortir progressivement du quartier. Passer à droite d'un lavoir et franchir le pont sur le ruisseau d'Elbarun. Continuer tout droit au carrefour suivant. La route passe à droite de deux fermes puis une piste lui succède et laisse rapidement deux chemins à gauche. Plus ou moins large, plus ou moins raide, elle monte régulièrement le long du ruisseau parmi les digitales, les myosotis, les sorbiers et les houx. Elle débouche, près de la très jolie borde* Mendiondokoborda sur une petite route que l'on suit à gauche alors qu'elle passe sous quelques bergeries rénovées. Une piste gravillonnée lui succède rapidement et contourne le Suhalmendi par son flanc nord-est. Après une cabane, sur la droite, un large sentier part aussitôt à gauche et monte pratiquement tout droit vers le sommet du Suhalmendi marqué par une antenne. La vue est magnifique sur la Rhune à droite, l'Ibanteli, l'Atxuria, au-dessus de Sare, l'Artzamendi, le Mondarrain et sa couronne rocheuse, le Baygoura, l'Ursuya à gauche. On voit bien la mer, également, au nord-ouest.
Suivre le même itinéraire au retour.

LES FOSSILES DE SARE

FOUGÈRES DE PIERRE

8

Dénivelée : 261 m
Altitude max. : 391 m
Horaire : 1 h 45
Carte : IGN TOP 25 1/25 000 1245 OT Hendaye • Saint-Jean-de-Luz
Difficulté : **

Il y a quelque 220 millions d'années, le Pays basque était au cœur d'un vaste continent où la mer allait et venait au gré de la surrection des massifs hercyniens. Les Pyrénées n'étaient pas encore apparues. Il régnait un climat tempéré et humide, propice à l'apparition d'une végétation arborescente de fougères géantes et d'araucarias. Vous en trouverez la trace dans les schistes alentour. Il vous suffit d'ouvrir l'œil et de ramasser quelques pierres sur le bord du chemin pour avoir la belle surprise d'y découvrir une fougère parfaitement dessinée, aussi nette que si son empreinte avait été faite la veille. Ce sont des découvertes inhabituelles dans ce grand massif de grès rose qu'est celui de la Rhune. Des chèvres affectionnent ces parois et gambadent, sous l'œil des vautours, parmi les ajoncs, les bruyères et les colchiques.

ACCÈS

De Sare, suivre la D 406 en direction de Vera-de-Bidasoa. Après la belle allée de platanes, prendre la deuxième petite route à droite, longer un petit pont de pierre et tourner à droite à la patte d'oie suivante, près d'un entrepôt de scierie. Franchir deux petits ponts, passer sous une ferme. La route fait un virage puis commence à monter très raide. Laisser la voiture à ce niveau sur un petit emplacement, à droite.

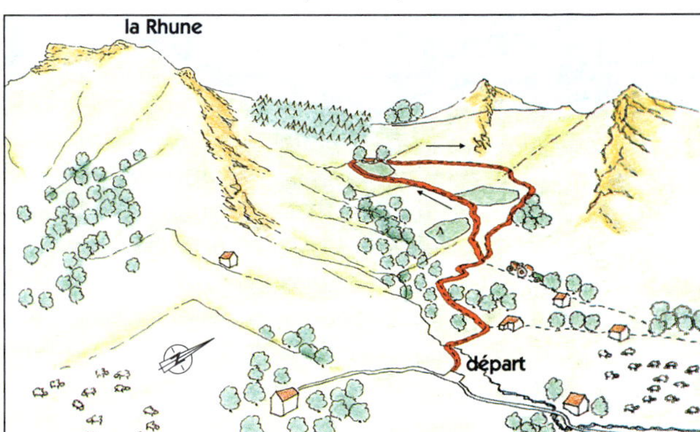

Le "gisement"
à l'heure des fouilles

ITINÉRAIRE

On trouve aussitôt à droite une piste qui franchit rapidement le torrent et remonte jusqu'à une maison. Continuer sur la piste de gauche. Elle fait aussitôt un lacet et rejoint une autre piste que l'on suit à droite. Après un raidillon, le chemin tourne à droite à angle droit au niveau d'un portail métallique. Franchir le ruisseau et prendre à gauche à la fourche suivante. On rejoint plus haut une piste que l'on suit à gauche. Les balises blanches et rouges du GR* 10 vous guident désormais. Prendre à gauche à une patte d'oie puis de nouveau à gauche à l'embranchement suivant, devant un gros bloc de poudingue*. Au niveau d'une jolie borde* sous des châtaigniers à droite, quitter la piste pour suivre le sentier qui part le long de la clôture. On rencontre une nouvelle piste que l'on suit en montant à gauche. Contourner la bergerie par la droite et continuer sur un chemin herbeux qui monte le long d'une clôture. Ouvrez l'œil car c'est sur la hauteur, à l'aplomb d'un col et juste avant un petit ruisseau, que vous trouverez les bandes schisteuses où sont les fossiles.
Continuer ensuite sur ce chemin et longer une borde en ruine entourée de chênes et de platanes que l'on longe par la gauche. Le chemin traverse un petit ruisseau, tourne à gauche à angle droit et monte légèrement. On rejoint une grande piste que l'on suit en descendant à gauche jusqu'au gros bloc de poudingue où l'on retrouve l'itinéraire de l'aller.

LE GR 10 DE SARE À AINHOA

LE CHEMIN DES VENTAS

9

Dénivelée : 244 m
Altitude max. : 140 m
Horaire : 3 h 30
Carte : IGN TOP 25 1/25 000 1245 OT Hendaye • Saint-Jean-de-Luz
Difficulté : **

C'est une délicieuse promenade qui vous attend entre deux des plus beaux villages du Pays basque. Sare et Ainhoa sont célèbres pour leurs remarquables maisons des XVIIe et XVIIIe siècles qui arborent de superbes colombages rouges et verts et de beaux linteaux gravés. Vous cheminerez ensuite au pays des ventas. À cheval sur la frontière, ces magasins posés en pleine campagne attirent tous ceux qui veulent faire le plein de chorizo, d'olives farcies aux anchois ou de clarete. C'est bien moins cher et tellement plus exotique que dans les supermarchés d'Hendaye ! Certes, les ventas « à la ferme », où l'on pouvait grignoter une omelette ou une petite truite au jambon sur un coin de table, cèdent la place aux ventas-superettes mais la satisfaction d'y avoir fait une bonne affaire et un soupçon de contrebande demeure, en dépit de la libre circulation des marchandises voulue par Bruxelles.

ACCÈS

Cet itinéraire se fait à deux voitures. De Saint-Jean-de-Luz, suivre la D 918 jusqu'à Saint-Pée-sur-Nivelle et prendre, à droite, la D 3. Au quartier de Cherchebruit, suivre à gauche la D 4 puis, à l'embranchement suivant, la D 305 jusqu'à Ainhoa

A l'entrée d'Ainhoa

À l'heure de la sieste

où vous laisserez une première voiture.
Reprendre la D 305 et la D 4 en sens inverse et continuer jusqu'au centre de Sare où vous laisserez votre deuxième voiture.

ITINÉRAIRE

Cet itinéraire est entièrement balisé de blanc et rouge. Remonter la rue principale de Sare qui part de l'église et longe une série d'hôtels-restaurants. On la quitte, dans le premier virage, pour suivre tout droit un large chemin empierré. Franchir un petit pont et passer à un premier puis à un deuxième oratoire. Prendre alors l'escalier qui rejoint, dans le quartier de Lehenbizkai, une route que l'on suit à gauche. On la quitte, dans un virage à droite, pour continuer sur la petite route de crête interdite à la circulation. Une piste lui succède et on arrive à un embranchement, au niveau d'une ferme abandonnée, où l'on prend le chemin qui descend à droite. Il débouche sur la D 306 que l'on suit à droite (direction « Espagne par Echalar »). Passer le pont, suivre sur 800 m cette route parfois encombrée et prendre à gauche la route des ventas Berouet et Urt-Txola. Traverser un quartier et prendre la première petite route à droite. On passe rapidement un petit pont et on arrive en vue des bâtiments d'une ferme. Laisser un premier chemin de terre à gauche pour prendre un peu plus haut et toujours à gauche le chemin herbeux qui contourne un hangar et continue le long d'une clôture. Il rejoint une piste que l'on suit à gauche. Elle dessert quelques maisons puis descend sur le parking de la venta Berouet que l'on traverse pour suivre la petite route qui descend à gauche. (Prudence ! Il peut y avoir un peu de circulation à certains moments.)
À l'embranchement suivant, prendre la direction de la venta Urt-Txola et suivre à gauche, 100 m plus loin, un large chemin. On arrive presque aussitôt à une patte d'oie où l'on suit le chemin qui monte à droite et rejoint une petite route que l'on suit encore à droite. Passer à une première ferme puis longer les maisons Lecaien-Borda et Muca-Aldia. On rejoint alors une petite route que l'on suit à droite, le long d'une série de maisons. À la patte d'oie suivante, continuer sur la route de droite. On la quitte bientôt, au niveau d'une piste gravillonnée, pour prendre à gauche un sentier qui

monte vers un bosquet de chênes, s'infléchit sur la gauche et mène à la venta Galzagorri que l'on laisse à droite pour prendre la petite route qui part à gauche, le long de la frontière. Au niveau d'un quartier de maisons, prendre la direction de la venta Bergara. Longer la venta par la gauche et continuer tout droit sur une piste qui va descendre, passer à gauche d'une ferme et remonter en face. On passe, sur la hauteur, près des bornes-frontières 64 et 65 avant de descendre à droite vers la venta abandonnée Zuri. Suivre alors une piste à gauche qui va traverser un ruisseau, puis de belles clairières plantées de chênes. Au niveau d'un pont busé, on la quitte pour longer le ruisseau par la droite, sous les platanes. Puis ce sentier se termine et on traverse une pelouse à droite pour rejoindre la piste qui longe la Nivelle puis rejoint la D 4 que l'on traverse, avant le pont. Continuer à travers une aire de pique-nique en longeant la Nivelle par la droite. Le sentier traverse une piste de terre et, au niveau d'un ancien moulin sur l'autre rive, rejoint un large chemin que l'on suit à gauche. On débouche sur une piste qui franchit un pont et contourne la pisciculture par la gauche. Continuer tout droit à l'embranchement suivant. Le sentier passe au-dessus des bacs à truites et continue en balcon le long de la Nivelle. Il passe près d'une cascade puis descend et rejoint un autre sentier que l'on suit à gauche le long d'un ruisseau. Monter assez raide parmi les arbres avant de déboucher sur une petite route que l'on suit à droite, au-dessus d'Ainhoa. Prendre à gauche, à l'embranchement en contrebas, une rue qui mène au centre d'Ainhoa.

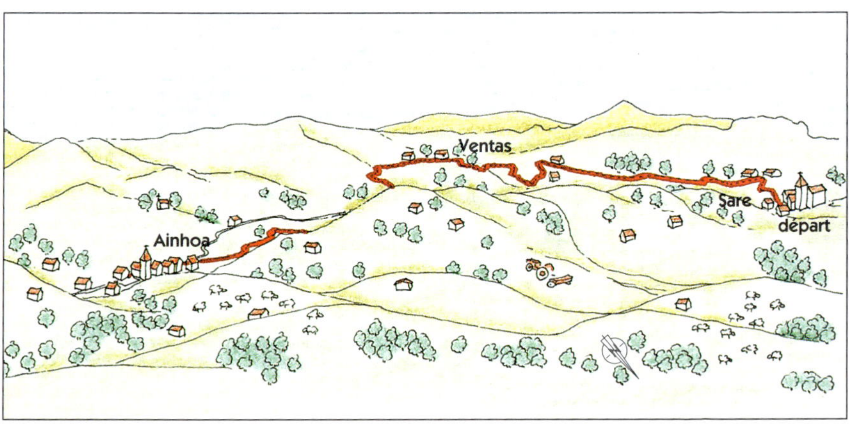

LES COLLINES DU BAS-CAMBO

À LA CUEILLETTE DES MÛRES

10

Dénivelée : 138 m
Altitude max. : 125 m
Horaire : 1 h 45
Cartes : IGN Série bleue 1/25 000 1345 ouest Cambo-les-Bains 1344 ouest Hasparren
Difficulté : **

Depuis le XVIe siècle, on se presse à Cambo pour soigner ses bronches. L'air y est doux, débarrassé de l'humidité marine. Aux curistes sont désormais venus s'ajouter quelque 85 000 visiteurs qui, chaque année, visitent Arnaga, la célèbre villa d'Edmond Rostand et ses beaux jardins à la française. Vous ne vous sentirez pas vraiment seuls dans la ville haute, à moins que vous ne vous décidiez à descendre dans le quartier du bas Cambo, ô combien plus paisible. Tout semble tellement plus pittoresque ici... jusque dans de petits détails comme cet « arbre de la liberté », porté et installé à la gauche du fronton tous les ans par les jeunes du quartier à la gloire... de la République !
La campagne est à portée de main et les champs de maïs et les troupeaux succèdent vite aux jardins des maraîchers. Dès le mois d'août, les ronces des talus se couvrent de grosses mûres dodues, juteuses, parfumées, un rien musquées même... Pour ceux qui sont partis équipés de quelques récipients, voici une petite recette de compote pour faire durer le plaisir à la maison. Faites cuire 200 g de mûres avec un peu de sucre. Mixez et réservez. Faites cuire 500 g de pommes coupées en tranches et laissez refroidir. Versez ensuite cette compote dans des coupes, nappez-la de coulis de mûres et ajoutez un soupçon de crème fouettée juste avant de servir.

Balade au pied de l'Ursuya

ACCÈS

De Bayonne, prendre la D 932 au sud en direction de Cambo et tourner à gauche, après Ustaritz. Une fois dans le centre de Cambo, laisser la voiture sur le parking de la place Charles de Gaulle, face à la poste.

ITINÉRAIRE

Suivre l'avenue qui descend en direction de la mairie et prendre à gauche la rue du Fronton. De la place du Fronton, descendre les escaliers entre la résidence Chiquito et la maison Gracienia puis franchir, à droite, le pont sur la Nive. Prendre aussitôt après le chemin de Burgachiloa. Il rejoint l'avenue de la Gare que l'on suit à gauche.
Traverser la voie ferrée et longer le jardin public par la droite. On entre dans le quartier du bas Cambo où l'on rejoint une petite route que l'on suit à gauche. Passer à gauche d'un lavoir et prendre à droite le premier petit pont. La route, étroite et sinueuse, monte raide parmi les arbres. Sur la hauteur, on rejoint la D 250 que l'on suit à droite. La vue se dégage sur la ville haute de Cambo et les rondeurs vertes du massif de l'Ursuya.
Plus loin, au niveau d'une bergerie sur la gauche, vous trouverez des haies de ronces couvertes de mûres. Suivre ensuite la petite route qui part à droite dans une sorte d'épingle à cheveux. Elle vous ramènera au quartier du bas Cambo où vous retrouverez l'itinéraire de l'aller.

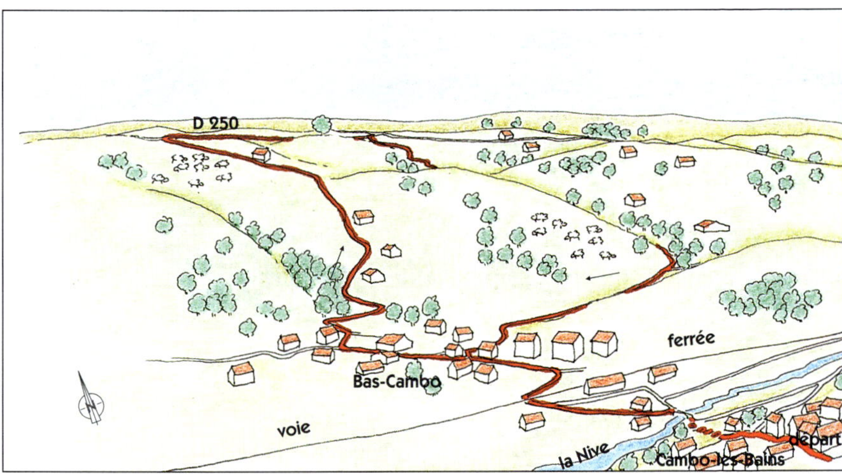

LE MONT URZUMU

BALADE SOUS LES CERISIERS

11

Dénivelée : 165 m
Altitude max. : 207 m
Horaire : 2 h 30
Carte : IGN Série bleue 1/25 000 1345 ouest Cambo-les-Bains
Difficulté : **

Quand vous passerez près du terrain d'aviation du mont Urzumu, vous aurez sûrement envie de monter dans l'un de ces planeurs et de vous laisser flotter là-haut, bercé par le souffle du vent, pour contempler la vallée de la Nive, les collines saupoudrées de villages blancs et la mer au loin. Mais si le temps vous manque pour une telle expédition, nous vous avons concocté une superbe promenade autour d'Itxassou, qui redouble de charme au printemps ou au début de l'été, lorsque les cerisiers, orgueil du village, sont en fleurs ou couverts de fruits. La plupart de ces cerises comme la xapata, pur produit d'Itxassou à la chair blanche et sucrée, la peloa, petite, sombre et venue d'Amérique ou encore la garroa, proche du bigarreau, se mangent fraîches ou en conserves. Quant à la beltxa, quasiment disparue, elle sert à confectionner la confiture de

Itxassou et son église de charme

Prémices de la récolte

cerises noires qui accompagne si bien un fromage de brebis bien sec et avec laquelle on fourrait le gâteau basque avant que la crème pâtissière ne s'en mêle. On raconte qu'autrefois on cueillait tellement de cerises qu'elles étaient chargées sur de petits traîneaux avec lesquels les enfants dégringolaient les pentes parfois très raides des vergers. Dans les années soixante, la production s'est effondrée mais, aujourd'hui, un projet de relance s'est mis en place et tous les gourmands lui souhaitent bon vent !

ACCÈS

De Bayonne, suivre la D 932 en direction de Cambo, puis la D 918 vers Saint-Jean-Pied-de-Port. Suivre ensuite à droite la petite route qui amène sur la place centrale d'Itxassou où vous laisserez la voiture.

ITINÉRAIRE

Prendre à droite au bout de la place, la route qui monte vers l'aérodrome du mont Urzumu. Rejoindre la table d'orientation d'où l'on a une très belle vue sur Itxassou et le vallon de Basseboure. Après les derniers hangars, suivre à gauche un chemin de terre (nous suivons désormais l'itinéraire balisé I.2) qui descend puis remonte une allée de chênes le long d'une ferme. Suivre à gauche une piste gravillonnée. Elle rejoint une petite route que l'on suit à gauche. Prendre à nouveau à gauche à l'embranchement suivant. Sur la hauteur, suivre à droite sur 100 m une piste de terre et suivre à gauche une nouvelle piste qui descend jusqu'à la D 249. On la traverse pour suivre la route en face. À la patte d'oie, tourner à gauche et quitter la route dans le premier lacet pour suivre tout droit la piste qui longe Miscelenborda*. Franchir et refermer avec soin la barrière et continuer dans la forêt. Remarquer à gauche un champ bordé de cerisiers et de pommiers. On rejoint une route que l'on suit à droite. Elle traverse un quartier et descend assez raide. On la quitte dans un lacet pour suivre un chemin en face qui passe bientôt en balcon au-dessus d'Itxassou. On parvient à la rencontre de nombreuses pistes. Prendre la deuxième à droite qui descend raide et contourne un champ. Suivre ensuite à gauche l'itinéraire I.1. On rejoint une piste que l'on suit à gauche le long d'une bambouseraie. Continuer tout droit à la patte d'oie suivante. On rejoint une route que l'on suit brièvement à droite avant de prendre la première à gauche pour rejoindre l'église d'Itxassou, l'une des plus belles du Pays basque qu'il faut visiter en pensant à se munir de pièces de 2 francs pour la minuterie de l'éclairage. Reprendre ensuite à droite la route qui longe le cimetière puis l'école publique et monte raide. Sur la hauteur, faites 50 m à gauche sur la route de crête pour profiter d'une belle vue d'ensemble sur l'église, son quartier et l'entrée du Pas de Roland. Reprendre ensuite la route jusqu'au « stop » où vous tournerez à gauche pour rejoindre la place centrale d'Itxassou.

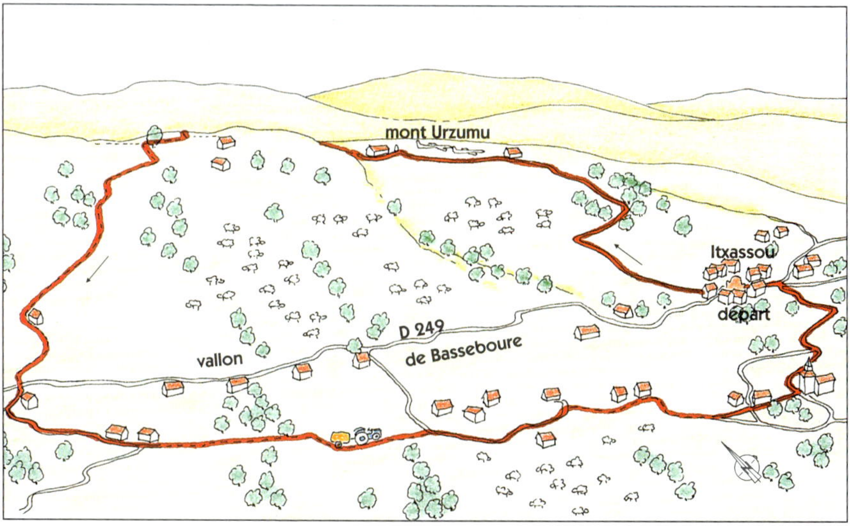

LES COLLINES D'HASPARREN

SUR LES TERRES DU POÈTE

12

Dénivelée : 236 m
Altitude max. : 285 m
Horaire : 1 h 45
Carte : IGN Série bleue 1/25 000 1345 ouest Cambo-les-Bains
Difficulté : **

« *Hasparren, pastorale et négociante, avare, sensuelle et janséniste, peuplée aussi de revenants d'Amérique, durcis comme le cuir qu'ils tannèrent.* », écrivait Francis Jammes, tour à tour critique et amoureux de sa « seconde patrie ». C'est en 1921 que ce Béarnais vint s'installer à Eyhartzea. Une vieille dame riche, pieuse et généreuse décida en effet de léguer cette maison à une famille nombreuse, catholique et impécunieuse et la famille de Jammes remplissait ces trois conditions. Aujourd'hui transformée en un petit musée à la mémoire du poète, la maison blanche aux volets verts accueillit d'illustres invités. L'été, Roger Martin du Gard, François Mauriac et Paul Valéry rejoignaient Jammes autour d'un solide goûter du terroir. Le béret sur la tête et la barbe au vent, Jammes aimait se promener dans la campagne avec son chien. Il avait un faible pour l'Ursuya, dont vous profiterez largement pendant cette balade, au point de songer à lui en écrivant ses dernières volontés : *« Sur la même pierre banale qui, dans un coin du cimetière d'Hasparren, épouse l'ombre sauvage de l'Ursuïa où les brebis paissent l'herbe sous les épines, que l'on grave mon nom suivi de ce simple titre : poète, et les dates de ma naissance et de ma mort ».*

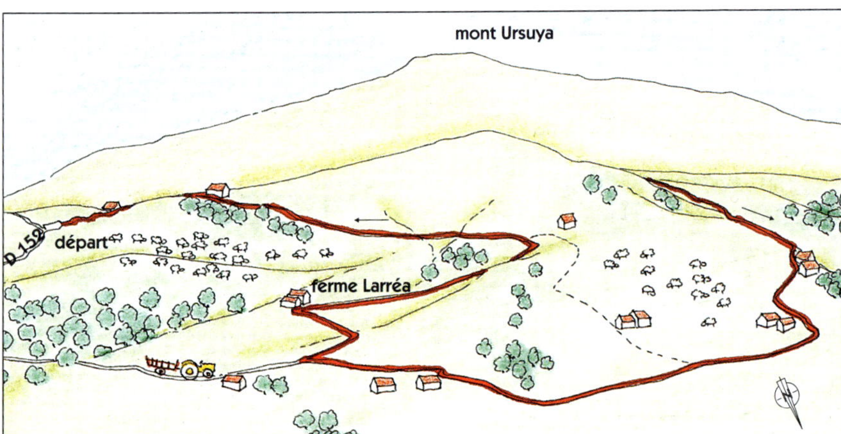

Des pelouses chères à Francis Jammes

ACCÈS

D'Hasparren, prendre au nord la D 152 vers Mendionde. Dans le quartier de Zelaï (Zelhaya, dit la carte), prendre la deuxième petite route à droite, au niveau d'un abri-bus en face duquel on laisse la voiture.

ITINÉRAIRE

Continuer sur cette route qui longe un petit étang. Les fermes s'espacent progressivement et l'Ursuya apparaît à gauche. Continuer en direction de Zalduia. Prendre à droite à une première fourche et longer une ferme par la droite. Une route part à droite à ce niveau. C'est par là que nous reviendrons. Pour l'heure, continuer tout droit. Après un joli groupe de fermes, on arrive à un embranchement où l'on continue sur la route à droite. Alentour, ce sont des collines à n'en plus finir discrètement ponctuées de la blancheur de maisons éparses. La route descend. Passer à droite d'un transformateur, de la maison Gainekoetchea, puis laisser une petite route à gauche. À l'embranchement suivant, au niveau d'un abri-bus, prendre à droite (petit panneau « H »). La route descend et remonte raide. Laisser une piste à droite sur la hauteur. La route descend en longeant plusieurs fermes et offre de très belles vues sur le quartier ouest d'Hasparren. Prendre à droite à l'embranchement suivant. Laisser une piste à droite. Longer la maison Larréa. La route passe en crête et traverse la ferme d'Irazabaléa. Prendre à gauche dans une épingle à cheveux. On rejoint l'itinéraire de l'aller à l'embranchement suivant.

LES CRÊTES D'HARRICHURI

LE BALCON DU LABOURD

13

Dénivelée : 95 m
Altitude max. : 428 m
Horaire : 1 h 15
Carte : IGN Série bleue 1/25 000 1345 ouest Cambo-les-Bains
Difficulté : **

Ce n'est sûrement pas un hasard si les pasteurs du néolithique sont venus si nombreux s'installer sur les pentes de l'Ursuya. Cette montagne, qui est l'une des premières à s'élever à une altitude respectable au-dessus de la plaine côtière, est un merveilleux belvédère sur l'ensemble du Labourd jusqu'à l'Océan et en particulier sur la vallée de la Nive et le massif de la Rhune, à votre gauche.

L'Ursuya est couvert des petits carrés des champs et des prés qui, selon ce qu'on y cultive, ce qu'on y fauche ou ce qui y prolifère librement, changent sans cesse de couleur au fil de l'année.

Du vert fluorescent des prairies neuves aux tons auburn de la fougère roussie en passant par le vert anis du foin en été, on hésite entre le patchwork et le kaléidoscope.

C'est une montagne versatile, surprenante et peut-être un peu magique car l'on s'y sent étonnamment serein et revigoré à la fois.

L'air et la lumière y sont d'une grande douceur.

Les moutons, impatients de voir leur berger ou un petit morceau de sel, se précipitent à votre rencontre. Les pottoks aussi, mais avec plus de réserve.

Enfin, sachez que les gros ballots de foin et de fougère coupés font des dossiers admirables si l'envie vous prenait de vous asseoir par terre pour contempler, dans le ciel, buses, milans, vautours et... parapentistes.

L'Ursuya au temps des colchiques

Les moutons en quête d'un peu de sel

ACCÈS

De Bayonne, prendre la D 918 vers Saint-Jean-Pied-de-Port. Après Itxassou, suivre à gauche la D 119 en direction de Louhossoa. Longer le fronton et prendre la route qui part, à gauche, devant l'hôtel Ostatua.

Entrer dans Macaye et suivre à gauche la petite route qui monte devant l'hôtel Claverie. On arrive rapidement à une fourche où vous prendrez à gauche. Une petite route vous conduit au pied de l'Ursuya. Lorsque son revêtement goudronné s'interrompt, laisser la voiture sur la droite.

ITINÉRAIRE

Suivre la piste qui part à l'ouest-nord-ouest.

On franchit aussitôt une clôture avant de longer une bergerie par la gauche. Passer sous la ligne à haute tension et, à l'embranchement suivant, continuer tout droit sur la piste qui s'élève en direction des crêtes d'Iramalda que l'on va parcourir. On longe, à travers champs, une clôture par la droite. Le chemin nous conduit à une nouvelle barrière en bois que l'on franchit.

On trouve un embranchement juste après mais continuer tout droit sur la crête en visant la mer.

Les crêtes d'Harrichuri font suite aux crêtes d'Iramalda.

On arrive assez rapidement à une nouvelle barrière que l'on franchit grâce à une petite échelle à sa droite. Traverser le champ et franchir la clôture à l'extrémité opposée.

Le chemin se perd dans les pelouses mais on continue la descente sur la crête.

On rejoint une clôture et un chemin que l'on suit à droite.

Il contourne un mamelon et nous dévoile de nouvelles vues superbes sur le Labourd. Après un raidillon, suivre à droite la piste qui part à flanc vers le creux du vallon et la ligne à haute tension.

On arrive à une patte d'oie : continuer à droite sur la piste principale. Elle rejoint le ruisseau qu'elle longe puis traverse à deux reprises avant de reprendre sa montée au sud-est jusqu'à la voiture.

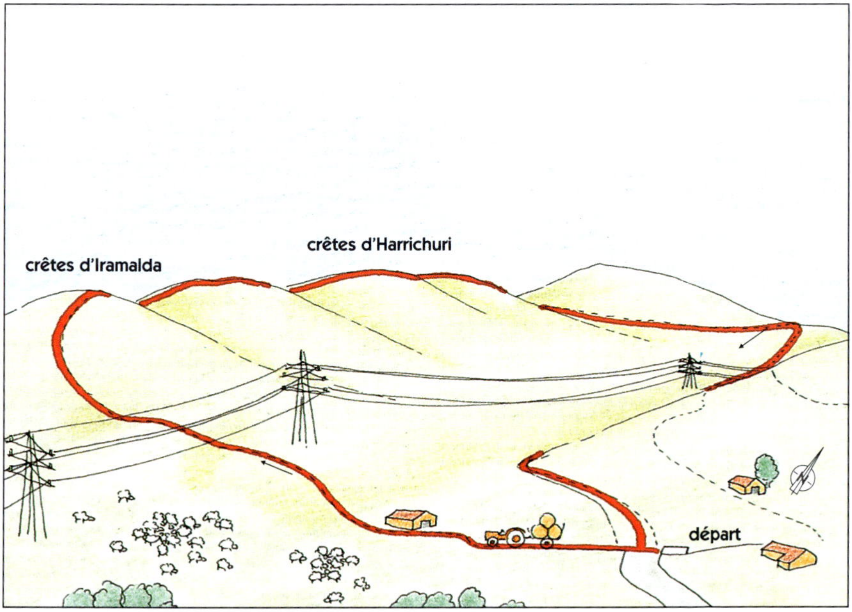

SUR LES HAUTEURS DE LOUHOSSOA

LE PARADIS DES BREBIS

14

Dénivelée : 214 m
Altitude max. : 291 m
Horaire : 2 h 00
Carte : IGN Série bleue 1/25 000 1345 ouest Cambo-les-Bains
Difficulté : **

De ferme en pré, de bergerie en pâturage, c'est une belle balade pastorale qui vous attend. Avec en prime le plaisir de voir ces paysages, ces fleurs, ces parfums et les efforts des bergers se concrétiser dans le morceau de fromage de brebis que vous irez chercher ensuite à la coopérative de Macaye. C'est elle qui fabrique l'onetik, que vous trouverez dans la plupart des supermarchés, mais goûtez surtout l'inegi, bien sec et très goûteux, ou le baygoura au lait cru, plus tendre et parfumé aussi. Ce sont les préférés des gens d'ici !

ACCÈS

De Bayonne, prendre la D 932 en direction de Cambo, puis la D 918 vers Saint-Jean-Pied-de-Port. Suivre ensuite à gauche la D 119 qui traverse Louhossoa et continuer tout droit vers Hélette. Prendre alors la première petite route à gauche, remonter une allée de chênes et de platanes et laisser la voiture à droite près d'un petit pont.

Louhossoa, village modèle

ITINÉRAIRE

Cet itinéraire est balisé en jaune. Revenir jusqu'à la D 119 que l'on suit à droite sur 150 m pour prendre, à gauche, une petite route goudronnée. On la quitte, 5 m plus loin, pour suivre à gauche un chemin de terre qui monte à travers les arbres et traverse une fougeraie. On rejoint, sous un bosquet d'arbres, une piste que l'on suit à droite. Elle passe en balcon au-dessus de Louhossoa, s'infléchit régulièrement sur la gauche et rejoint une nouvelle piste que l'on suit en face. À l'embranchement suivant, prendre la piste du milieu qui

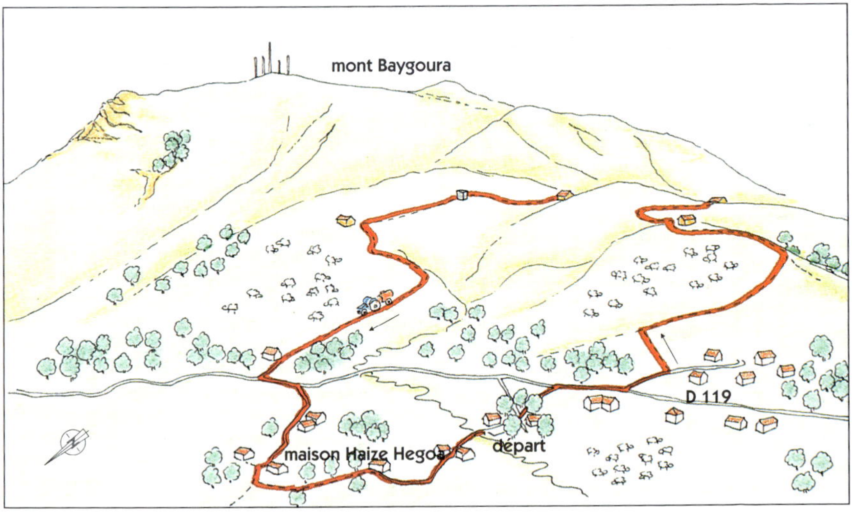

monte très raide, passe sous une bergerie et oblique sur la droite par deux fois. On fait alors face à l'Artzamendi, reconnaissable aux radars installés à son sommet. La piste tourne à gauche à angle droit. On découvre, à l'embranchement suivant, une très belle vue sur la vallée de la Nive. Suivre à gauche la piste qui contourne par la gauche une bâtisse, puis passe sous une jolie borde*. Laisser une piste à gauche, longer deux bordes et continuer tout droit jusqu'à un réservoir d'eau. Prendre alors la piste qui part à flanc à gauche et rejoint une borde dans un bosquet de châtaigniers. Rester sur la piste qui descend vers Louhossoa puis tourne franchement à droite et descend raide sous les arbres. On rejoint une maison que l'on contourne pour prendre la petite route qui rejoint, à gauche, la D 119. Suivre cette dernière à gauche sur 200 m plus loin et prendre la deuxième route à droite vers la maison Haize Hegoa. Longer Ibarlaborda, puis Haize Hegoa. Une piste succède à la route. Tourner à gauche à l'embranchement suivant puis suivre à gauche, au niveau d'un gros chêne, un chemin qui descend entre deux haies, rejoint un groupe de maisons et une petite route que l'on suit à droite jusqu'au pont près duquel se trouve la voiture.

Un parfum d'automne

HASTINGUES ET LES GAVES RÉUNIS

PROMENADE DANS LES BARTHES

15

Dénivelée : 43 m
Altitude max. : 45 m
Horaire : 2 h 45
Carte : IGN Série bleue 1/25 000 1344 est Peyrehorade
Difficulté : *

Par-delà la frontière, la frontière des Landes bien sûr, la bastide d'Hastingues se dresse sur un éperon qui surplombe la vallée des Gaves Réunis. Ce bel ensemble architectural, qui comprend notamment plusieurs maisons des XVᵉ et XVIᵉ siècles, sera le but d'une belle promenade à travers les barthes, ces prairies humides où l'on se consacre à la chasse aux canards l'hiver (prudence !) et à la culture du maïs le reste de l'année. Pas très follichon, direz-vous. Pourtant vous passerez sûrement un bon moment à quatre pattes au bord du talus à observer avec vos enfants les fossés remplis d'eau où prolifèrent les iris sauvages, les fleurs jaunes et blanches des nénuphars, les roseaux, les petits poissons, les têtards et les grenouilles. Et puis c'est le moment de s'intéresser de plus près aux libellules. Ce n'est pas une mince affaire puisqu'on en compte 77 espèces en France (et plus de 2 500 dans le monde !). Il faut surtout apprendre à distinguer les anisoptères, ces grandes libellules qui gardent leurs quatre ailes bien déployées au repos et les zygoptères qui, elles, les replient en arrière une fois posées. Chez les anisoptères, l'æschne bleue, au long corps noir annelé

Un anisoptère

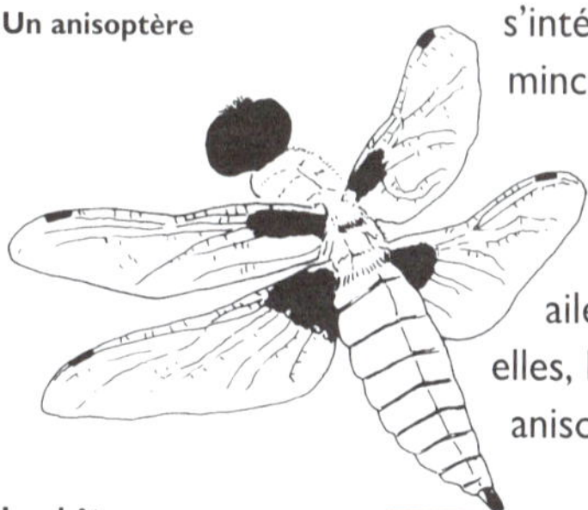

Le château du Bec-du-Gave

Au paradis des grenouilles

de vert et de bleu, est très répandue. Elle est tellement curieuse qu'elle s'approchera sûrement de vous si vous restez immobile au bord de l'eau ! Quant aux zygoptères, ils sont tout simplement charmants et portent des noms délicieux. Il y la petite nymphe au corps de feu, d'un beau rouge ardent, l'agrion élégant qui existe en rose, violet ou gris-vert, l'étonnante naïade aux yeux rouges, le leste brun qui ressemble à une brindille et, le plus commun : l'agrion jeune-fille, à l'abdomen bleu ciel pour le mâle et vert, bleu, marron ou gris pour les femelles.

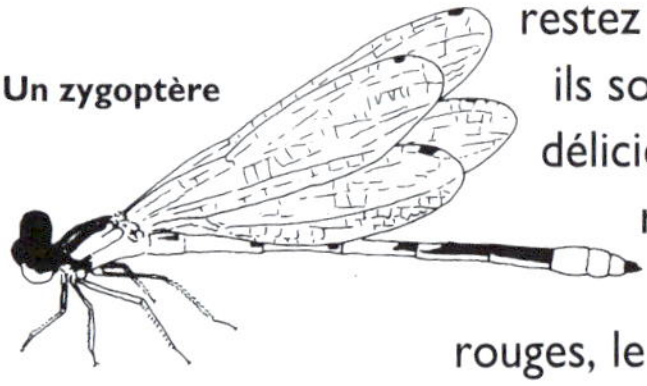

Un zygoptère

Le retour, le long des Gaves (de Pau et d'Oloron) Réunis, vous enchantera. Ici, les maisons ont toutes un ponton auquel sont accrochées une ou deux barques. C'est une rivière sereine et paisible, seuls quelques poissons viennent troubler la surface du miroir où se reflètent les arbres. Les soirs d'été, quelques pêcheurs taquinent le poisson avant d'aller dîner, les oiseaux chahutent une dernière fois dans les roselières, les hérons font un dernier tour d'inspection et les cavaliers des centres équestres voisins offrent à leurs chevaux un bain de pattes rafraîchissant dans le gave. Au pied du château du Bec-du-Gave, la rivière vient se fondre doucement dans l'Adour qui, grossie de ses eaux, continue son bonhomme de chemin vers l'Océan.

ACCÈS

De Bayonne, suivre la D 261 jusqu'à Urt et continuer, en longeant le fleuve par la droite jusqu'à sa jonction, 10 km plus loin, avec les Gaves Réunis. Laisser la voiture s gauche, au niveau du château du Bec-du-Gave qu l'autre rive.

ITINÉRAIRE

Continuez brièvement sur la petite route et profitez-en pour admirer la belle bâtisse du château, son parc et ses dépendances. Prendre à droite la première petite route goudronnée (interdite aux véhicules de plus de 6 t). On entre alors dans les barthes. Prendre la troisième piste gravillonnée à gauche et la suivre jusqu'au bout. Elle passe sous la voie ferrée, rejoint la D 253 que l'on suit à droite sur 100 m. Prendre la première route à gauche qui monte vers Hastingues. On arrive devant la porte qui marque l'entrée sud-ouest du village. Il vous reste à le découvrir en vous promenant le long de l'artère principale jusqu'au château et à la mairie. Rebrousser ensuite chemin et revenir à la porte que l'on franchit dans l'autre sens pour prendre, quelques mètres après, la petite route qui part à droite devant une maison ancienne à colombage. Elle descend jusqu'à la D 253 que l'on suit brièvement à droite et que l'on quitte dans le premier virage pour prendre à gauche la D 261 qui passe sous le grand pont de chemin de fer et continue sur la berge des Gaves Réunis. On atteint le château du Bec-du-Gave et la voiture en 45 minutes depuis Hastingues.

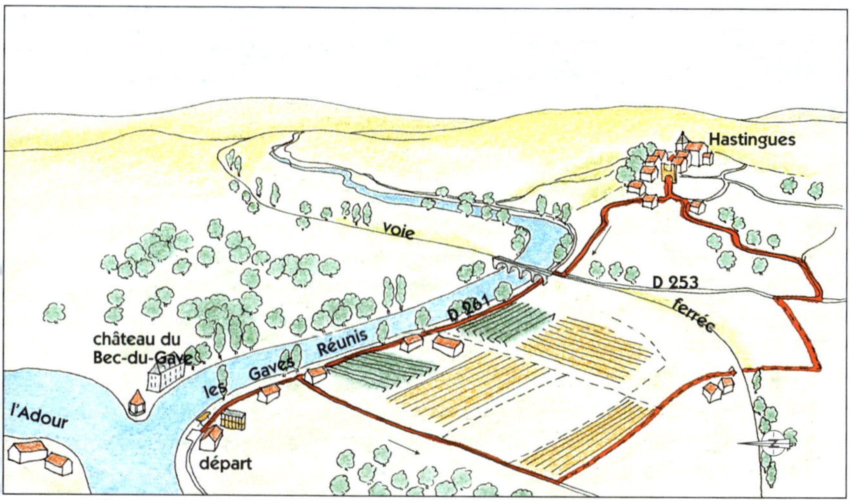

LA BASSE-NAVARRE

LE TOUR DE BIDACHE

DANS LE FIEF DE GRAMONT

16

Dénivelée : 247 m
Altitude max. : 160 m
Horaire : 3 h 30
Carte : IGN Série bleue 1/25 000 1344 est Peyrehorade
Difficulté : **

À Bidache, les seigneurs de Gramont n'avaient pas froid aux yeux. Au XVIe siècle, ils décidèrent de rejeter la souveraineté des royaumes de France et de Navarre et s'érigèrent en principauté indépendante dont Bidache devint la capitale. Les ruines imposantes de son château témoignent encore de cette glorieuse époque. De part et d'autre de la vallée du Lihoury, vous découvrirez ensuite un joli moulin, de vastes fermes, des bordes* rustiques et de belles vues sur les maisons blanches de Bidache, enchâssées dans les vertes collines qui dominent la Bidouze.

ACCÈS

De Bayonne, prendre la D 936 en direction d'Oloron-Sainte-Marie et laisser la voiture sur la place du château de Bidache.

ITINÉRAIRE

Cet itinéraire est balisé en jaune. Suivre la rue principale qui passe devant l'église. Prendre la première rue à gauche, tourner à droite au niveau d'un escalier et continuer votre descente sur la gauche. Prendre à gauche au « stop», franchir le Lihoury au niveau d'un joli moulin. La route remonte à

Le château de Bidache en ruines

travers le quartier du Rap, puis longe une carrière. Prendre à droite à l'embranchement suivant. La route monte et fait deux lacets. Continuer à droite à la patte d'oie suivante. Juste avant la ferme Millet, prendre à droite la route étroite qui descend pour franchir un ruisseau et remonte sur le versant opposé. Continuer tout droit aux deux croisements suivants. Au carrefour de la villa Monette, tourner à droite, traverser le quartier de Sabalette et continuer tout droit. Remarquer à gauche la jolie ferme Uhalde aux murs rosés et continuer sur la route qui descend assez raide. Rejoindre la D 11 que l'on suit brièvement à droite et passer un pont avant de prendre la première route à gauche qui monte sur les hauteurs du quartier du Battan. Prendre à droite au croisement suivant puis aussitôt à gauche. La route monte à la ferme Loustesse devant laquelle on tourne à droite. La petite route continue à flanc, tourne à gauche devant une maison neuve puis à droite aussitôt après avant de repartir à flanc le long d'un petit bois. On a une belle vue sur les montagnes basques jusqu'au Béarn. Au pied du château d'eau, suivre la route qui descend à droite vers Bidache, découvrant de très belles vues du village. À l'embranchement suivant, suivre la route principale qui oblique à gauche et rejoint la D 936. Suivre à droite cette départementale sur 400 m et prendre la première à droite. Traverser un quartier de maisons où vous descendrez à gauche. Prendre à gauche à la patte d'oie suivante. On arrive au rond-point à l'entrée de Bidache. Prendre la direction centre-ville et remonter la rue principale jusqu'à l'église.

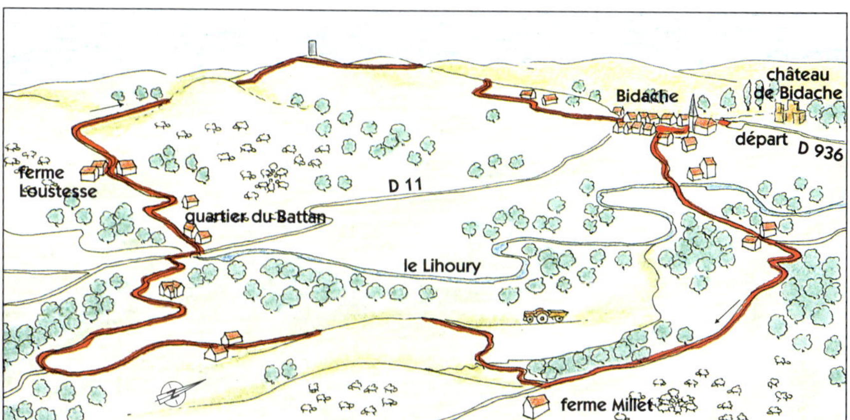

LES COLLINES DE CAME

AU FIL DE LA BIDOUZE

17

Dénivelée : 156 m
Altitude max. : 134 m
Horaire : 2 h 00
Carte : IGN Série bleue 1/25 000 1344 est Peyrehorade
Difficulté : **

Came était autrefois un port très actif sur la Bidouze. On y réceptionnait le minerai de fer qui alimentait la forge des Gramont (voir notre itinéraire n° 16) ; les vins de Jurançon et le sel de Salies-de-Béarn y transitaient et les bergers d'Aspe et d'Ossau s'y embarquaient pour rejoindre les Amériques, via Bayonne. De pont en moulin, de port en cascade, vous remonterez cette paisible rivière avant de suivre la crête qui sépare la vallée de la Bidouze de celle du Lihoury. Elle vous réserve de très belles vues des montagnes du Labourd aux premiers sommets béarnais. La campagne est accueillante et vous offre des brassées de fleurs des champs et des nuées de papillons. Les fermes hésitent entre architecture basque et gasconne : l'arrière et les côtés restent en pierre apparente alors que la façade principale est chaulée. Au retour, il ne vous restera plus qu'à rendre visite à l'un des dix chaisiers de Came. Depuis 1850, la fabrication artisanale de chaises est en effet, avec l'agriculture, la principale activité du village.

ACCÈS

De Bayonne, prendre la D 936 en direction d'Oloron-Sainte-Marie. Trois kilomètres après Bidache, suivre à gauche la C 1 vers Came-bourg. Laisser la voiture sur la place de la Mairie.

Randonnée pastorale sur les hauteurs de Came

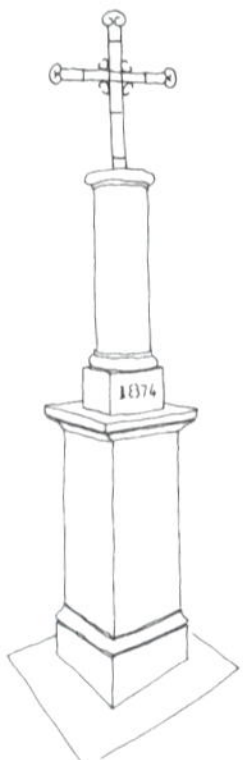

Croix carrefour à Came

ITINÉRAIRE

Cet itinéraire est balisé en jaune. Du parking, remonter la rue qui longe l'église. Prendre à gauche à la patte d'oie suivante et descendre vers la Bidouze. Continuer tout droit au carrefour marqué d'une croix. Une fois dans le joli quartier du port, quitter la route pour suivre à gauche la piste gravillonnée qui rejoint la Bidouze. On la longe par la gauche avant de rejoindre la petite route. Traverser ensuite le pont à droite et suivre la D 936 vers Bidache sur 100 m avant de tourner à gauche vers la ferme Bergay. Continuer tout droit à la patte d'oie suivante. On traverse le quartier du Port du Moulin où officie un tailleur de pierres. Continuer sur la route qui longe la belle cascade et les bâtiments d'une ancienne minoterie. À la patte d'oie du quartier Navarroy, suivre la route qui monte à droite. Sur la hauteur, prendre à droite la piste en direction d'une ferme rénovée. Devant la maison, elle s'infléchit à gauche, traverse des champs et rejoint une piste gravillonnée que l'on suit à droite. Par beau temps, on voit les plus hauts sommets du Pays basque jusqu'aux limites du Béarn. La piste rejoint une route de crête que l'on suit à droite et d'où l'on a une belle vue sur l'Ursuya, l'Artzamendi, la Rhune et les Trois Couronnes. Prendre à droite, juste après un groupe de maisons sur la droite, la route qui descend légèrement, offrant de belles vues sur la vallée de la Bidouze. Prendre à droite au prochain carrefour la petite route qui descend franchement vers Came. Tourner assez brusquement à droite à l'embranchement suivant et continuer à descendre. On rejoint en contrebas l'itinéraire de l'aller.

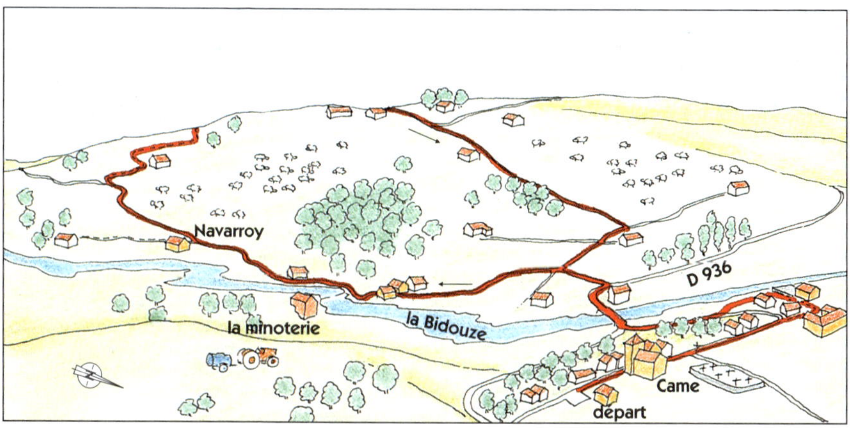

LE TOUR DE LABASTIDE-CLAIRENCE

BALADE SOUS LES ARCEAUX

18

Dénivelée : 97 m
Altitude max. : 112 m
Horaire : 1 h 00
Carte : IGN Série bleue 1/25 000 1344 est Peyrehorade
Difficulté : *

Avec sa place centrale bordée d'arcades, ses six rues pentues bien régulières, ses belles maisons blanches à colombages, Labastide-Clairence coule aujourd'hui des jours paisibles, fière d'être la seule bastide classée du Pays basque et d'appartenir au club fermé des « plus beaux villages de France ». Difficile d'imaginer que la place des Arceaux fut, jusqu'en 1700, le théâtre des foires et des marchés les plus importants de la région et résonnait du travail des forgerons et des bonnetiers qui y tenaient boutique. Une colonie de juifs expulsés au XVIIe siècle de Navarre et du Portugal vint s'installer dans cette petite ville prospère et y apporta un savoir-faire encore inconnu en France : la fabrication du chocolat. À cette époque, les Espagnols consommaient en effet largement cette friandise qu'ils avaient empruntée aux Aztèques. Grâce aux juifs marranes, cette mode - et les sacs de fèves de cacao - passèrent rapidement la frontière. Les fèves étaient grillées sur un feu de bois puis écrasées sur une

La bastide blanche

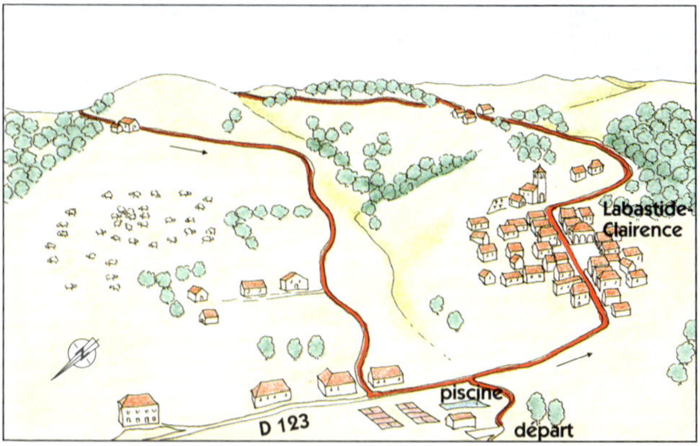

pierre incurvée. On ajoutait à cette pâte grossière de la cassonade, de la cannelle, de la vanille, du gingembre ou du poivre, ce qui donnait à ce chocolat dit de Bayonne son goût réellement unique.

ACCÈS

De Bayonne, suivre la D 936 en direction d'Oloron-Sainte-Marie. Cinq kilomètres après Briscous, prendre à droite la D 123 jusqu'à Labastide-Clairence. Tourner à droite à l'entrée du village pour laisser la voiture sur le parking du centre de plein air et de la piscine.

ITINÉRAIRE

Revenir au carrefour sur la D 123 et la suivre à droite alors qu'elle traverse le village. Après la place des Arceaux, continuer tout droit vers l'église. À son niveau, la route fait un grand virage sur la gauche. Laisser une petite route sur la gauche et continuer à monter sur cette départementale qui peut être un peu passante à certaines heures. Prendre à gauche, au carrefour suivant, la petite route de la Chapelle. Cette route monte très légèrement sur des collines d'où l'on a une jolie vue sur Labastide et son église. Prendre à gauche à l'embranchement suivant. La route descend bientôt parmi des prairies. On découvre une vue inhabituelle sur les arrières de Labastide, son église et les tombes du cimetière juif dispersées dans l'herbe. Laisser une route qui part à droite et continuer tout droit jusqu'à la D 123. Traverser la route pour rejoindre la voiture.

LES CRÊTES DE SAINT-PALAIS

PARFUMS D'AUTOMNE

19

Dénivelée : 298 m
Altitude max. : 235 m
Horaire : 3 h 15
Cartes : IGN Série bleue 1/25 000 1445 ouest Saint-Palais et 1345 est Iholdy
Difficulté : **

Au confluent de la Bidouze et de la Joyeuse, Saint-Palais semble bien dans sa peau de grosse bourgade rurale. Son grand marché du vendredi et la présence de la coopérative Lur-Berri, qui regroupe près des deux tiers des agriculteurs du Pays basque français, attirent les paysans des environs. Les touristes viennent, eux, découvrir le musée de Basse-Navarre (dont Saint-Palais était la capitale au XVIe siècle) et la maison des Têtes où des médaillons sculptés représentent les derniers rois de Navarre, d'Henri II à Henri IV. Tous s'y retrouvent le premier dimanche après le 15 août pour le prestigieux festival de force basque. Les hommes forts de huit villages sélectionnés s'y affrontent dans six grandes catégories. Il y a les scieurs de bois qui doivent effectuer dix coupes sur une traverse de chemin de fer, les bûcherons qui coupent à la hache trois troncs de hêtre et les leveurs de paille qui doivent hisser plusieurs fois une botte de paille de 45 kg jusqu'à une poulie suspendue 8 m plus haut. Les porteurs de sacs de blé doivent courir 120 m avec un sac de blé de 76 kg sur leurs épaules, les leveurs de charrette font pivoter sur son axe une charrette d'environ 350 kg et les tireurs à la corde s'affrontent par cordées de dix hommes pesant chacune près d'une tonne !

La balade qui vous attend vous demandera un effort somme toute moins considérable. À la fin de l'automne, le regard parcourt aisément les collines environnantes dans l'air limpide. Les brebis y prennent toujours le frais et on commence à voir les premiers agneaux tout frisés. C'est une belle saison où les hêtres virent au jaune, les fougères rougissent et l'herbe reverdit. Les vaches, les veaux, les cochons et les poules sont de sortie dans les champs de maïs qu'ils nettoient des derniers grains oubliés après la récolte.

Les chênes d'Amérique à l'automne

Aux portes de Garis

ACCÈS

De Saint-Palais, prendre la D 11 en direction de Bidache. À la sortie de la ville, franchir le pont sur la Joyeuse et prendre la première route à gauche contre un supermarché Champion. La route part au sud-ouest et se transforme rapidement en piste gravillonnée au niveau de la ferme Etchetoua (Etchetto, dit la carte). Laisser la voiture 500 m plus loin avant une patte d'oie.

ITINÉRAIRE

Prendre la piste de droite qui part au nord-ouest en suivant un balisage bleu et blanc. Elle traverse un petit ruisseau et commence à monter doucement. On la quitte, 100 m plus loin, pour suivre au nord une piste à laquelle un chemin succède rapidement. On arrive, dans la forêt, à un embranchement où l'on tourne à gauche. Continuer tout droit à l'embranchement suivant. Longer un petit ruisseau par la gauche et passer sous une maison jaune. L'église de Garris apparaît bientôt au-dessus des champs. On parvient sur une petite route que l'on suit tout droit dans le quartier sud de Garris. Elle rejoint la D 14 que l'on suit à

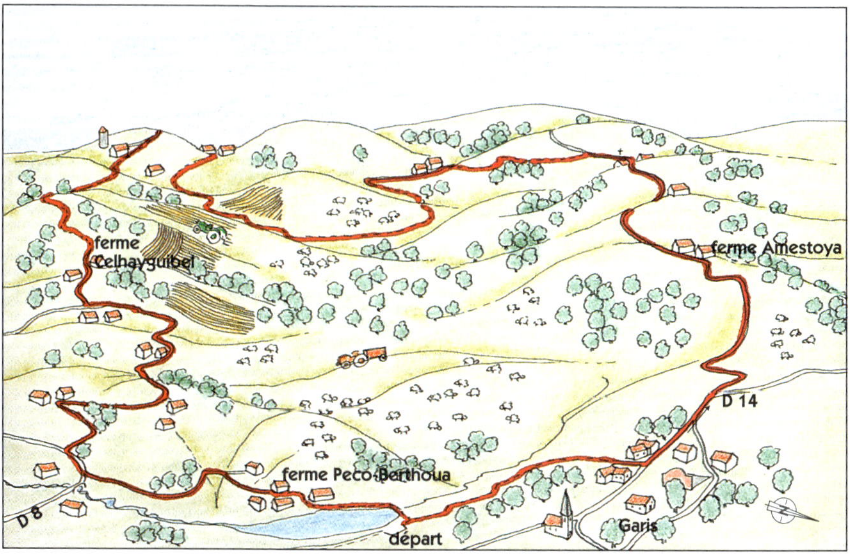

Les brebis en goguette avant l'hiver

gauche sur 200 m. On la quitte dans le premier virage à droite pour suivre une petite route en face jusqu'à la ferme Amestoya. Continuer sur la route qui dessert un groupe de maisons et passe à gauche d'une croix. Prendre aussitôt après une piste gravillonnée qui part sur la gauche, descend dans le creux du vallon, laisse une piste à gauche et débouche sur une route que l'on remonte à gauche, au niveau d'une étable. Prendre à droite à la fourche suivante. Une piste en terre fait suite à la route, traverse un petit bois, remonte à travers pâturages et collines et rejoint, au niveau d'un groupe de fermes, une route goudronnée que l'on suit à gauche. Monter raide sur 200 m et prendre à gauche, à l'embranchement suivant, une jolie route de crête. On rejoint un château d'eau où vous franchirez une clôture à gauche, en suivant les balises. Un sentier descend le long de la clôture et un large chemin lui succède. Franchir une deuxième clôture et continuer à descendre. Laisser une piste à droite, passer à droite d'une palombière et franchir une nouvelle clôture.
On atteint ainsi la ferme Celhayguibel où l'on retrouve la route que l'on suit tout droit. Prendre à gauche, à l'embranchement suivant, la route qui passe sous plusieurs fermes, décrit deux lacets et rejoint la D 8 que l'on suit (prudemment) sur 500 m avant de prendre la première route à gauche avant le pont sur la Joyeuse.
La route fait un coude à droite et débouche face à la ferme Peco-Berthoua, devant laquelle vous suivrez à gauche une piste gravillonnée. Elle contourne un premier hangar, passe entre deux autres bâtiments et rejoint un étang que l'on contourne par la gauche.
Au bout de l'étang, suivre à droite la piste qui vous ramènera à la voiture.

DE GIBRALTAR À HARAMBELTZ

SUR LE CHEMIN DE SAINT-JACQUES

20

Dénivelée : 317 m
Altitude max. : 286 m
Horaire : 3 h 15
Carte : IGN Série bleue 1/25 000 1445 ouest Saint-Palais
Difficulté : **

Au départ de cette balade, la stèle de Gibraltar symbolise la rencontre de trois des quatre grandes routes de pèlerinage qui traversaient la France en direction de Compostelle. Les routes du Puy, de Vézelay et de Paris se rejoignaient ici pour former le camino navarro et les randonneurs médiévaux qu'étaient les pèlerins de Saint-Jacques passèrent ici par milliers. Après quelques instants magiques au-dessus de la vallée de la Bidouze, il leur fallait affronter le bois d'Ostabat, alors peuplé d'ours et de loups, avant de faire étape à Harambeltz.
Comme les chiens dans la cour des fermes, le village somnole aujourd'hui au soleil. Pas un bruit, pas un mouvement. La quiétude du petit cimetière semble s'insinuer doucement dans les rues. Il faut aller voir la chapelle, dernier vestige de l'ancien prieuré-hôpital Saint-Nicolas. Derrière ses sobres murs de pierres sèches, se cachent des peintures murales et des sculptures en bois doré d'une étonnante richesse. Vous aurez probablement du mal à vous arracher à la douceur paisible d'Harambeltz mais la petite route de crête qui vous ramènera à Gibraltar passe en balcon au-dessus de la vallée de la Joyeuse et ne manque pas de charme elle non plus !

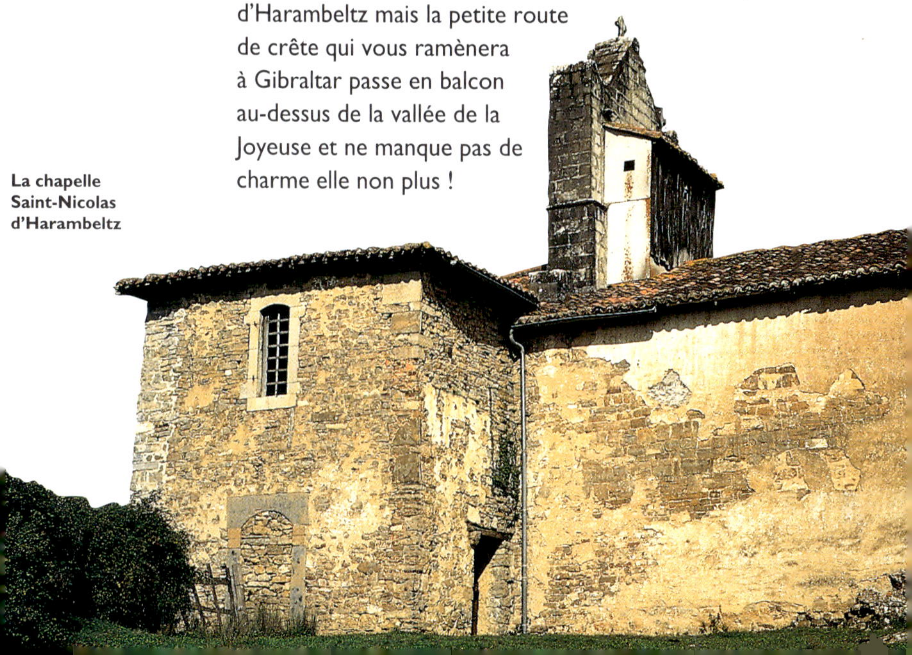

La chapelle Saint-Nicolas d'Harambeltz

ACCÈS

À Saint-Palais, prendre la D 933 en direction de Saint-Jean-Pied-de-Port et passer un premier, puis un deuxième pont sur la Bidouze. À l'entrée d'Uhart-Mixe, prendre à droite la D 302 jusqu'au quartier important de Gibraltar. Prendre à droite la petite route qui mène rapidement à une stèle qui rappelle qu'ici se rejoignaient les chemins de Saint-Jacques de Compostelle en provenance du Puy, de Vézelay et de Paris. Laisser la voiture à ce niveau.

ITINÉRAIRE

(Cet itinéraire est balisé en bleu et blanc et les balises blanches et rouges du GR* 65 qui mène à Compostelle nous accompagneront jusqu'à Harambeltz.) De la stèle, revenir sur la D 302 pour prendre la petite route. On la quitte, dès qu'elle tourne à droite, pour monter sur une piste en face. Prendre à droite à la fourche au sommet de ce mamelon. On arrive ainsi à la chapelle de Soyarza. Profitez du panorama avant de prendre le chemin qui part à droite de la chapelle et passe en balcon au-dessus de la vallée de la Bidouze. Après une légère descente, on arrive à un embranchement où vous prendrez à gauche. On rejoint un pré que l'on va contourner par la droite. La descente se fait plus raide. Passer à droite d'une croix commémorative puis, 10 m plus bas, prendre à droite le chemin balisé qui descend à travers champs et longe une vieille clôture par la gauche. En entrant dans le bois d'Ostabat, on rejoint une piste que l'on suit tout droit en

Sur les hauteurs de la Bidouze

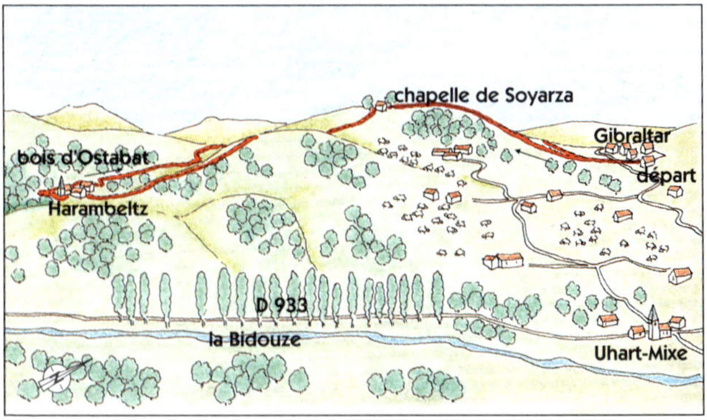

descendant. Elle débouche sur une autre piste, face à un portail, que l'on suit à gauche. On arrive ainsi, à l'entrée d'Harambeltz, sur la petite route qui nous mène à l'église. Quitter la route juste après l'église pour suivre un chemin balisé qui descend sur la droite. Quelques mètres plus loin, laisser le GR 65 partir à gauche et continuer sur la piste qui descend pour franchir un petit ruisseau, remonte et fait un virage à angle droit devant une barrière. Un sentier va lui succéder dans le creux d'un vallon. Franchir un ruisseau et contourner une barrière avant de remonter dans le bois d'Ostabat. On rejoint rapidement une piste carrossable que l'on suit en face. On arrive sur une grande esplanade. Au niveau d'une patte d'oie, suivre une piste à droite. On la suit alors qu'elle s'infléchit nettement sur la gauche puis monte raide jusqu'à une petite route que l'on suit à droite. Prendre à droite à l'embranchement suivant. La route commence à descendre puis arrive, sous l'église d'Orsanco, à une patte d'oie où vous prendrez à droite.

En quelques virages, elle rejoint le creux du vallon, franchit un petit ruisseau et remonte sur la hauteur où vous laisserez à droite une piste goudronnée.

On débouche sur une autre petite route que l'on suit sur la droite. Elle longe un petit bois de pins alors que l'on arrive en vue du quartier de Gibraltar.

À l'embranchement suivant, prendre à gauche la petite route qui vous ramènera à la voiture.

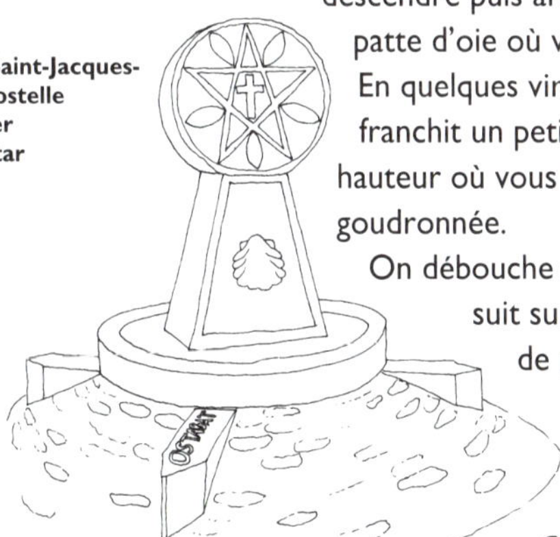

Stèle de Saint-Jacques-de-Compostelle au quartier de Gibraltar

HOCHA HANDIA

LE CŒUR DE LA BASSE-NAVARRE

21

Dénivelée : 311 m
Altitude max. : 571 m
Horaire : 1 h 45
Carte : IGN Série bleue 1/25 000 1345 est Iholdy
Difficulté : **

Il n'est pas rare que de gros sommets arrondis, pas très hauts et un peu ingrats, nous fassent découvrir des panoramas magnifiques qu'ils dominent sans les écraser. De par sa position centrale, au sud d'Iholdy, Hocha Handia offre des vues magnifiques sur toute la Basse-Navarre. Montagnes et vallées, pâturages et forêts, villages et fermes isolées se succèdent à nos pieds à 360° comme sur une table d'orientation grandeur nature. Éblouissement garanti !
Les pottoks se plaisent sur les flancs d'Hocha Handia. Ces petits chevaux rustiques étaient autrefois utilisés à la campagne pour le trait et la selle. On les exporta également dans les mines du nord de la France, de Belgique et d'Angleterre où leur petite taille leur permettait de tirer des wagonnets chargés de minerai à travers les galeries des mines. En Italie, ils servaient à fabriquer du salami. Mais si certains pottoks finissent toujours dans des boucheries chevalines, cette race de poney, reconnue à part entière depuis 1971, bénéficie aujourd'hui de la reconnaissance générale et des

Les prairies d'Iholdy

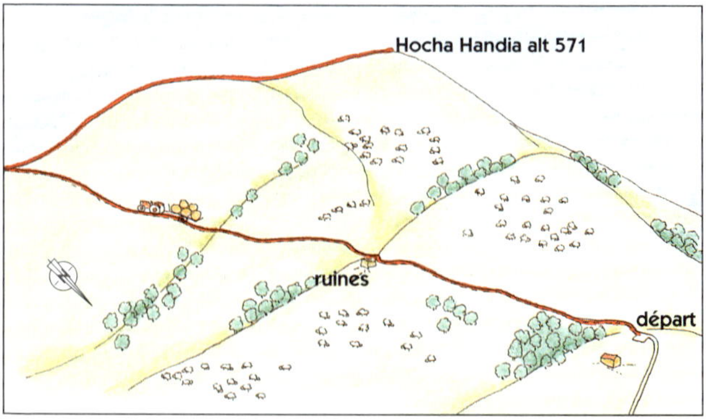

soins attentifs d'éleveurs d'un genre nouveau. Ce vagabond à l'œil vif, à la critère hirsute et au caractère bien trempé est devenu un véritable symbole de la montagne basque.

ACCÈS

De l'église d'Iholdy, descendre jusqu'à l'embranchement où vous prendrez à droite la direction de Saint-Palais et d'Irissary. Au croisement suivant, au niveau du bar Garat, traverser la route de Saint-Jean-Pied-de-Port pour prendre, en face, une petite rue qui mène à un embranchement marqué d'une croix. Continuer tout droit. La route longe un étang et laisse une première route à gauche. À l'embranchement suivant, prendre à gauche la petite route interdite aux véhicules de plus de six tonnes. Elle franchit un pont dans le creux du vallon et remonte jusqu'à un embranchement où l'on prend à droite une petite route qui monte très raide. Une piste lui succède. Laisser la voiture à ce niveau sur le bas-côté gauche.

ITINÉRAIRE

Suivre la piste qui passe à droite d'une bergerie en ruines et franchit une barrière. On atteint un large col où l'on suit, à droite, au sud-ouest, une piste grossière. Prendre à droite aux deux fourches suivantes. La piste gravit un premier mamelon, puis un deuxième avant de se perdre dans l'herbe.
Continuer sur la crête au nord-ouest en suivant un chemin en pointillés. On grimpe raide mais le sommet n'est plus loin, marqué par une borne. Faites bien le tour du plateau sommital pour profiter de l'ensemble du panorama.
Suivre le même itinéraire au retour.

Linteau à Iholdy

LES CRÊTES D'IPARLA

LES FALAISES ROSES

22

Dénivelée : 339 m
Altitude max. : 430 m
Horaire : 2 h 15
Carte : IGN Série bleue 1/25 000 1345 ouest Cambo-les-Bains
Difficulté : *

Voici une balade sur les petites routes tranquilles qui permettent d'accéder aux fermes les plus éloignées de Bidarray ou d'Urdos. Le trafic ne devrait pas plus vous déranger que les chiens de ferme, labrits ébouriffés, couchés à trois ou quatre au milieu de la route, qui attendent qu'on leur passe à moitié sur le corps pour se lever nonchalamment. Vous rencontrerez aussi en chemin des cochons aussi sales que rigolos, un beau cerisier, un jardin potager superbement fleuri, une petite vigne que l'on doit au moins vendanger en rappel et peut-être un raton laveur ou deux...
Pourtant, tous ces petits trésors ne vous distrairont que momentanément du spectacle merveilleux des crêtes d'Iparla. À-pics roses sur fond de ciel cobalt, magnifiques bordes* en pierres sèches dans une clairière, c'est un vrai décor de cinéma qui vous accompagnera tout au long de cette balade. La production n'a pas mégoté sur les effets spéciaux : brume fumigène accrochée à la forêt, coups de spot du soleil filtré par les nuages, cascades des vautours surfant les courants ascendants... C'est Hollywood, la sérénité en plus !

Au pied des falaises d'Iparla

ACCÈS

De Bayonne, prendre au sud-est la D 932 puis la D 918 en direction de Saint-Jean-Pied-de-Port. Tourner à droite en direction de Bidarray, franchir aussitôt le pont sur la Nive au bout duquel on suit, à gauche, la route qui longe la rivière. Prendre ensuite la deuxième petite route qui part sur la droite (juste avant un petit pont en accent circonflexe). Laisser deux petites routes à droite, franchir un petit pont de fer et laisser la voiture sur un petit emplacement, à droite, après une première montée raide. Vous êtes au niveau de Sastrianen-borda, une bergerie rénovée et peinte en blanc, qui se trouve à gauche sur la hauteur.

ITINÉRAIRE

Continuer sur la petite route qui part en traversée au pied des magnifiques parois d'Iparla jusqu'à un premier croisement, au niveau d'un hangar blanc. Nous sommes à Gastigarlépoa. Suivre la petite route qui descend en face puis continuer toujours tout droit jusqu'à l'embranchement suivant. Lorsqu'on y parvient, un petit panneau confirme que nous venons bien de « Bidarray direct ». Nous allons y retourner par une petite route sinueuse qui offre de nouveaux points de vue, encore plus spectaculaires, sur la grande muraille d'Iparla. Pour cela, prendre à gauche la route qui monte en lacets assez raides. On passe à droite d'une bergerie puis, plus haut, entre deux fermes. Laisser deux pistes à droite. Prendre à gauche, à la patte d'oie suivante, la petite route qui descend assez raide, passe devant une ferme et rejoint le croisement, au niveau du hangar blanc, où l'on retrouve l'itinéraire de l'aller.

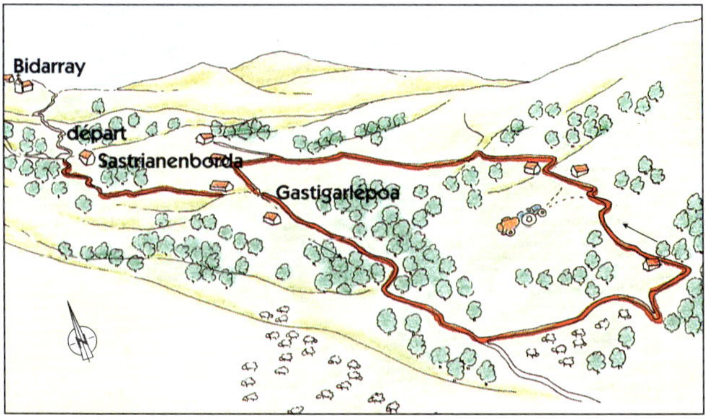

L'OCCOSTEY

UN VIGNOBLE EN MINIATURE

23

Dénivelée : 235 m
Altitude max. : 371 m
Horaire : 2 h 00
Carte : IGN Série bleue 1/25 000 1346 ouest Saint-Étienne-de-Baïgorry
Difficulté : **

Bienvenue dans le plus petit vignoble de France ! Bienvenue dans un paysage de terrasses bien ordonné où de timides jeunes plants côtoient de très anciennes vignes. Il semble, en effet, que les moines de Roncevaux (voir notre itinéraire n° 43) qui, dès le XIe siècle, aient planté les premiers plants de vignes sur les pentes d'Anhaux et d'Irouléguy. À 950 m, l'altitude de leur abbaye n'était guère propice à la viticulture. Désireux, cependant, d'approvisionner en vin les relais où ils accueillaient les pèlerins de Compostelle, ils décidèrent de cultiver les terres de Baïgorry, ce qu'ils firent jusqu'en 1607, date à laquelle Henri IV, annexant la Basse-Navarre, dressa une frontière entre l'abbaye et ses vignes. Reprise par des familles de la vallée, l'exploitation se poursuivit sans heurt jusqu'à la tragique épidémie de phylloxéra du début du siècle.

Aujourd'hui, l'Irouléguy revient de loin. Cette petite appellation d'à peine 180 hectares produit chaque année 460 000 bouteilles de vin rouge, blanc et rosé, une production qu'elle juge insuffisante mais qu'elle n'a, pour l'instant, aucun mal à commercialiser. La qualité de ses vins est en constante amélioration. Allez donc le vérifier à la coopérative que vous trouverez au départ de cette balade : cela devrait vous mettre en jambes et vous permettre d'apprécier davantage la beauté du vignoble que vous traverserez !

Raisins d'été

ACCÈS

De Saint-Étienne-de-Baïgorri, prendre la direction de Saint-Jean-Pied-de-Port. Dans le premier virage après la Coopérative des vins d'Irouléguy, prendre à gauche une toute petite route et la suivre jusqu'au quartier de

Irouléguy au pied des vignes

Borciriette où vous laisserez la voiture en prenant soin de ne pas gêner le passage.

ITINÉRAIRE

Suivre la piste qui monte à droite, après la dernière maison du quartier. Passer à gauche d'une maison et laisser une première piste à droite. À l'embranchement suivant, prendre la piste qui monte à droite et offre de belles vues sur Otikoren avant d'entrer sous les arbres. Elle s'infléchit sur la droite et passe devant une borde*. Un sentier lui succède et part en crête plein est alors qu'on découvre le vallon d'Occos sur la droite. À gauche, des terrasses de terre rouge ont été récemment gagnées sur la fougeraie pour planter de jeunes vignes. Une piste arrive à droite et on la suit à l'est le long d'une clôture.

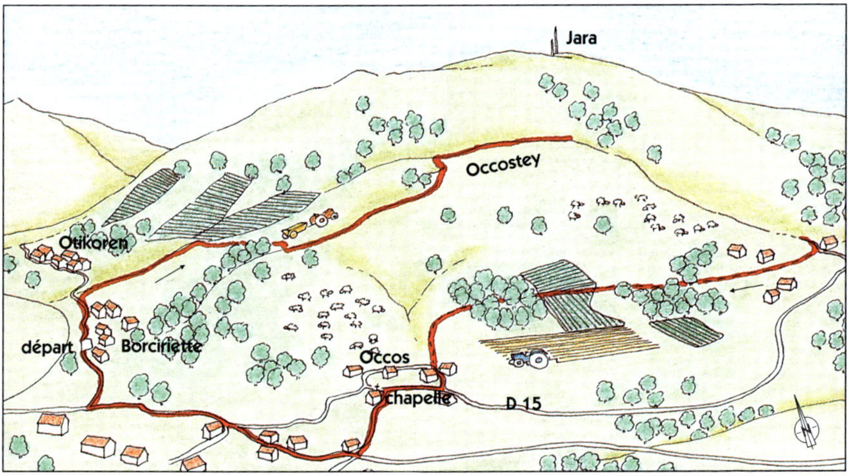

Le chemin oscille entre le versant droit et le versant gauche, révélant des vues variées sur la vigne qui épouse les courbes de niveau parmi les maisons blanches. On rejoint, dans une épingle à cheveux, une nouvelle piste que l'on suit à gauche en descendant. Prendre un instant la piste qui part à droite à l'embranchement suivant. Elle bute contre la barrière d'un champ d'où vous aurez une vue magnifique sur le village d'Irouléguy et Saint-Jean-Pied-de-Port au loin. Napoléon avait autrefois installé une redoute dans ce site éminemment stratégique. Revenir sur la piste principale et continuer à descendre. Elle rejoint, en contrebas, une petite route que l'on suit à droite, le long d'une vigne, au-dessus d'Irouléguy. Environ 150 m avant d'atteindre la D 15, prendre à droite une piste qui passe devant deux maisons et continue à flanc à l'ouest-nord-ouest. Elle descend, passe à droite d'une bergerie et traverse une petite vigne. En arrivant à Occos, prendre à droite la petite route à demi-goudronnée. Longer une vieille ferme et descendre aussitôt à gauche jusqu'à la D 15 que l'on traverse. La petite chapelle d'Occos se trouve à ce croisement. Continuer sur la route qui descend raide et prendre à gauche en contrebas. Passer le pont, tourner à droite, puis aussitôt à gauche. Prendre à droite à l'embranchement suivant. On rejoint la D 15 que l'on suit (prudemment) à gauche sur 100 m. Suivre à droite, juste avant le panneau de chemin de fer, le petit sentier qui descend vers Borciriette et la voiture.

ELHORRIKO KASKOA

DANS LA FORÊT DE NEKAIZ

24

Dénivelée : 311 m
Altitude max. : 983 m
Horaire : 2 h 15
Carte : IGN Série bleue 1/25 000 1346 ouest Saint-Étienne-de-Baïgorry
Difficulté : **

Il faut parfois savoir écouter les spécialistes et, pour ce qui est de randonner autour de Baïgorri, le spécialiste, c'est Beñat Errecalde. Dans un ouvrage consacré à la vallée, il écrivit ces quelques lignes qui vous donneront à coup sûr envie de faire cette balade en automne, mais aussi de vivre la grande aventure d'un bivouac familial au clair de lune. *« Forêts et fougères flamboient, caressées par le vol bleu des palombes. Du haut de ces colosses que sont Adarza (1 250 m) et Autza (1 306 m), le spectacle, alors total, est magnifié par les grands vols de grues qui claironnent dans un ciel lavé par le vent du sud, le "magicien" de Pierre Loti. En cette belle période, on peut passer une nuit à la belle étoile. Après l'embrasement du ciel, le chant de la terre nous atteint, doux et calme. Les sens en émoi, on écoute le silence de la montagne ponctué par les appels des chouettes et hiboux chassant sous les étoiles. »*

ACCÈS

De Saint-Étienne-de-Baïgorry, prendre vers l'ouest la D 949 et la suivre sur 8 km jusqu'au col d'Ispéguy où vous laisserez la voiture sur le premier parking à gauche.

ITINÉRAIRE

Du fond du parking, suivre le sentier bien tracé qui part à flanc dans les fougères. On entre vite dans la hêtraie, où vous rencontrerez plusieurs

A cheval sur la frontière

La borde aux pottoks

passages boueux et quelques lacets un peu raides où il faudra tenir les enfants par la main. Myrtilles, bruyères et asphodèles composent un sous-bois plein de charme. Au sortir des arbres, on traverse une fougeraie au-dessus d'une borde*, à gauche. Le sentier rejoint le col de Nekaiz (Nekaitzeko Lepoa, dit la carte) où vous trouverez la borne-frontière 98 et une jolie borde dans un enclos de pierres sèches. Prendre à gauche, le long de l'enclos, le chemin qui remonte le mamelon herbeux au sud-sud-est. Il se perd dans les pelouses mais on atteint rapidement un replat où se dresse la borne-frontière 99.

Elhorriko Kaskoa est désormais à portée de main, sur votre gauche. On l'atteint en montant directement, à l'est-sud-est, à travers les pelouses. Les moutons et les pottoks occupent souvent les formations rocheuses du sommet.

Dans ce cas, n'hésitez pas à contourner ces rochers par la droite. La vue que vous aurez, depuis l'arête sud-est, sur la vallée des Aldudes est un vrai régal et vous récompensera largement d'avoir « pris des pincettes » pour ne pas déranger le troupeau.

Continuer ensuite, au pied des barres rocheuses, sur le versant est. Une sente passe au-dessus d'enclos à moutons et continue au nord-ouest pour rejoindre aisément l'itinéraire de la montée au col de Nekaiz.

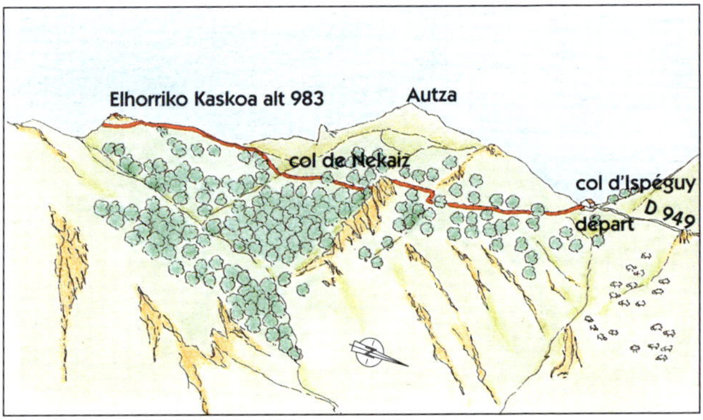

LES VILLAGES DES ALDUDES

TRÉSORS CACHÉS

25

Dénivelée : 318 m
Altitude max. : 621 m
Horaire : 3 h 00
Carte : IGN Série bleue 1/25 000 1346 ouest Saint-Étienne-de-Baïgorry
Difficulté : **

De village en village, la vallée des Aldudes vous livrera une foule de détails et de petits trésors qui pimenteront votre randonnée. La place de l'église des Aldudes, par exemple, semble avoir été entièrement conçue pour permettre la pratique du lachua, un ancien jeu de pelote dont les parties ne manquaient pas d'ampleur puisqu'elles se déroulaient contre le mur de l'actuelle gendarmerie alors que vous trouverez le butoir au niveau du porche de l'église. À deux pas de là, au presbytère, monsieur le curé (ou quelqu'un de l'hôtel Baillea s'il est absent) vous montrera le chapelet en or massif de l'empereur Maximilien. Il aurait été acquis dans une vente aux enchères au Mexique (ou gagné au jeu !) par un enfant du pays.

À Esnazu, il faut absolument visiter l'adorable petite église construite en 1868. D'une désarmante simplicité, elle arbore toutefois deux étages de tribunes à la mode labourdine et un spectaculaire retable polychrome du XVIIe siècle. Vous plongerez ensuite dans un agréable bois de châtaigniers où

Les prairies des Aldudes

Les Aldudes, centre-ville

trottinent quelques cochons. Le porc basque, qui a bien failli disparaître, fait un retour en force aux Aldudes aujourd'hui. Avec leur corps allongé, à l'échine creusée, et leur trogne fripée, cachée par d'immenses oreilles tombantes, ces cochons roses et noirs ne laisseront pas les enfants insensibles !
Enfin, vous découvrirez Urepel, la patrie du berger Fernando Aire, plus connu sous le nom de Xalbador, qui fut l'un des plus grands bertsulari (poète créant spontanément, sur un thème donné, des vers aussitôt déclamés) de ce siècle. Un arrêt à l'épicerie-pâtisserie Harriet est vivement conseillé pour faire le plein de sablés et de gâteaux basques.

ACCÈS

De Bayonne, suivre la D 932, puis la D 918, en direction de Saint-Jean-Pied-de-Port. Au niveau de Saint-Martin-d'Arrossa, prendre à droite la D 948 qui vous conduira successivement à Saint-Étienne-de-Baïgorry, Banca et au village des Aldudes où vous laisserez votre voiture sur un petit parking, à gauche, juste après le premier pont.

ITINÉRAIRE

Passer le pont pour rejoindre la place de l'église. Suivre alors à gauche la petite route qui passe devant la gendarmerie. Prendre à gauche aux embranchements suivants pour rejoindre la D 58 que vous remonterez brièvement à droite. Suivre la première petite route qui plonge à gauche dans un bois de châtaigniers. Environ dix minutes plus tard, un poteau téléphonique abondamment balisé vous indique, à droite, le chemin qui vous conduira, en quelques minutes, à une grange puis au quartier d'Esnazu que vous visiterez avant de rebrousser chemin jusqu'à la petite route sous les châtaigniers. On la suit à droite alors qu'elle dessert quelques fermes et monte en lacets. Veillez à bien rester sur la route principale. Sur la hauteur, elle s'oriente nettement au nord-est et on la quitte peu après pour suivre, à droite, juste avant une bergerie en pierres sèches, un large chemin balisé de jaune et blanc qui descend en balcon au-dessus d'Urepel.

On rejoint une piste que l'on prend à gauche alors qu'elle descend très raide jusqu'à une petite route qu'il faut suivre à gauche, pour atteindre, après avoir franchi deux petits ponts, le centre d'Urepel.

Quand vous aurez visité le village, revenez sur vos pas pour prendre, après le deuxième pont, à droite, la petite route balisée qui longe la Nive. À cette route succédera un chemin, puis une nouvelle petite route.

Continuez, en restant toujours parallèle à la rivière. On arrive à un embranchement au niveau d'un pont. Suivre la route à gauche et continuer sur le sentier qui lui succède puis sur un tronçon goudronné jusqu'à un embranchement où vous prendrez à droite pour rejoindre la D 58, au niveau d'un pont. Suivez-la brièvement à gauche.

Dans la première épingle à cheveux, vous retrouverez l'itinéraire de l'aller qui vous ramènera au cœur du village des Aldudes.

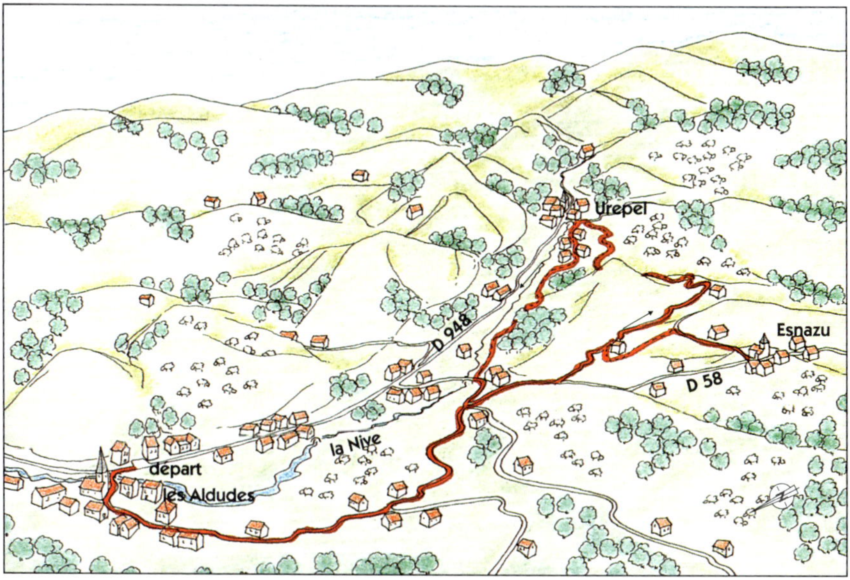

LE SOROGAIN

AUX PORTES DU PAYS QUINT

26

Dénivelée : 534 m
Altitude max. : 1 164 m
Horaire : 3 h 00
Carte : IGN Série bleue 1/25 000 1346 ouest Saint-Étienne-de-Baïgorry
Difficulté : ***

Allez savoir pourquoi, quand on évoque le nom de Sorogain, les bergers de la vallée de Baïgorri esquissent un sourire et leurs bêtes dressent l'oreille. Il y a là-haut un petit quelque chose de magique et d'indéfinissable, savant dosage d'air pur, d'eau abondante et d'herbe fine, qui le distingue des autres pâturages. Les bêtes passent leurs grandes vacances dans ce Hilton pastoral avec plus de 1 500 hectares de pelouses soigneusement clôturées et un garde sur place qui les surveille en permanence et prévient leur berger au moindre bobo. Un jour de la troisième semaine de mai, à neuf heures du matin, 200 à 300 vaches se rendent avec leurs propriétaires à la Marque d'Urepel, cérémonie au cours de laquelle les représentants de la municipalité d'Erro perçoivent les droits de pacage et marquent au fer rouge les bêtes en situation régulière. Elles sont menées aussitôt à l'estive et nous emprunterons le même itinéraire qu'elles jusqu'au sommet du mont Sorogain.

ACCÈS

De Bayonne, suivre la D 932, puis la D 918 en direction de Saint-Jean-Pied-de-Port. Au niveau de Saint-Martin-d'Arrossa,

Les pâturages de Sorogain

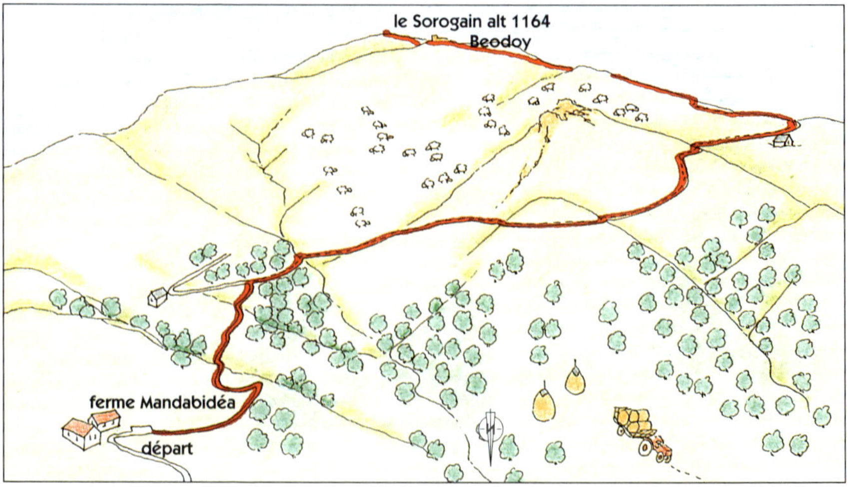

prendre à droite la D 948 et traverser successivement Saint-Étienne-de-Baïgorry, Banca, les Aldudes et Urepel. Après le quartier Gaïneko Carrica, prendre à droite au carrefour suivant et suivre la route qui monte jusqu'à la ferme Mandabidéa, 2 km plus loin, près de laquelle vous laisserez la voiture.

ITINÉRAIRE

Continuer sur la route, passer deux virages en épingle à cheveux et suivre à gauche, dans le virage suivant, une piste caillouteuse en direction du sud.
Elle part à flanc de montagne vers le fond du talweg* et contourne le mont Sorogain, vous offrant à droite une très belle vue sur les Aldudes et sur les montagnes basques, du Mondarrain au Baïgoura.
Passer sous un hangar en béton et continuer sur la piste qui passe au-dessus d'un cayolar et contourne un petit mamelon. Prendre la piste herbeuse qui part aussitôt après sur la gauche et monte en lacets. Elle vient buter sur la grande clôture du Pays Quint. La piste, moins marquée, tourne à gauche et monte sur la croupe le long de la clôture. Elle passe contre un abreuvoir et une réserve d'eau avant d'atteindre un mamelon rocailleux que l'on franchit en suivant la ligne de crête.
On arrive ainsi au sommet du Beodoy marqué par les restes d'une cabane carrée. Continuer à toute crête pour atteindre le sommet du Sorogain via le collado Sorotepo.
Suivre le même itinéraire au retour.

LA FORÊT D'HAYRA

LA HÊTRAIE DES PALOMBES

27

Dénivelée : 140 m
Altitude max. : 999 m
Horaire : 2 h 30
Carte : IGN Série bleue 1/25 000 1346 ouest Saint-Étienne-de-Baïgorry
Difficulté : *

La magnifique forêt d'Hayra monte gaillardement à l'assaut du Lindus où s'affrontèrent les troupes de Soult et de Wellington. Elle doit sa survie à la distance qui la séparait des anciens villages. Il aurait été dommage que tous ces hêtres superbes finissent en bois de chauffage ! C'est une forêt ronde, généreuse, ni trop épaisse, ni trop clairsemée, pas du tout une de ces forêts ténébreuses qui aurait fait peur au petit Poucet. Elle nous réserve au contraire de belles vues sur la vallée des Aldudes, en particulier Urepel dont les petites maisons blanches ponctuent les rondeurs vertes et fauves des collines.

Hayra à la morte saison

Un poste bien camouflé pour chasser la palombe

Quand passent les vols migrateurs de l'automne, ces crêtes sont prises d'assaut par les chasseurs de palombes venus parfois de fort loin. Vous y rencontrerez toutes les formes de palombières possibles ou presque, qui, à défaut d'être très esthétiques, témoignent de l'ingéniosité de leurs constructeurs. Mieux vaut cependant éviter cette balade au mois d'octobre. L'été, par contre, tout est paisible et seuls les moutons envahissent la crête. Il ne vous reste plus, selon les dispositions de votre âme bercée par la sérénité des lieux, le tintement des sonnailles et les petits cris aigus des oiseaux de proie, qu'à entrer dans une profonde méditation ou à sortir de votre sac à dos assez de jambon des Aldudes pour vous confectionner le meilleur des casse-croûte !

ACCÈS

De Bayonne, suivre la D 932, puis la D 918 en direction de Saint-Jean-Pied-de-Port. Au niveau de Saint-Martin-d'Arrossa, prendre à droite la D 948 et traverser successivement Saint-Étienne-de-Baïgorry, Banca, les Aldudes et Urepel.
Après le quartier Gaïneko Carrica, tourner à gauche devant une maison aux volets verts et monter par la route.
Continuer tout droit aux trois prochains croisements.
À l'embranchement suivant, après les lacets, prendre à droite.
À partir du col de Meharroztegui la route n'est plus goudronnée, laisser la voiture à ce niveau à la sortie de la hêtraie.

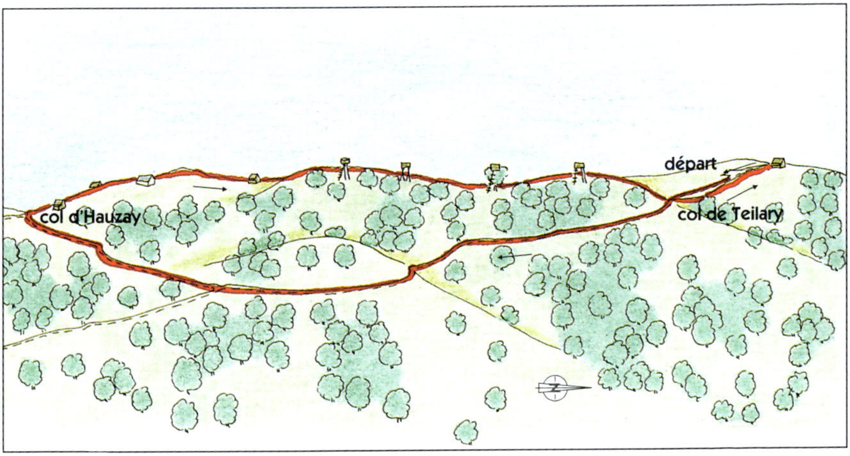

ITINÉRAIRE

Du col, suivre la piste au sud-est. Passer au col de Teilary et continuer au sud. La piste descend légèrement. Le sommet du Laurigna est à votre gauche et le sommet du Lindus, dans l'alignement de la piste.

À l'embranchement suivant, suivre la piste de droite qui traverse la hêtraie jusqu'au col d'Hauzay.

Du col, partir complètement sur la droite. Suivre la piste au nord sur 100 m puis continuer sur le sentier qui suit la crête, en lisière de forêt. Longer un cayolar* et toute une série de postes de chasse. Après la dernière cabane, entrer dans la hêtraie et amorcer la descente vers le col de Teilary.

On passe à gauche d'une première, puis d'une deuxième, palombière. Le sentier monte sur un mamelon rocailleux où l'on trouve une nouvelle palombière. Le sentier descend et remonte sur un nouveau mamelon. Rester toujours sur la ligne de crête. Passer contre une palombière faite en échafaudages de chantier et une autre en pylônes : toutes les licences architecturales sont permises.

Le sentier descend assez raide jusqu'à un col où se dresse la plus haute des palombières (23 m).

Gravir un dernier mamelon rocailleux et descendre jusqu'au col de Teilary.

Traverser la piste pour continuer en face sur un joli mamelon moussu et redescendre, sur la gauche, parmi les cabanes de chasseurs jusqu'à la voiture.

LE ROCHER DE ZERKUPE

LES SECRETS DU LAPIAZ ROSE

28

Dénivelée : 160 m
Altitude max. : 1 085 m
Horaire : 1 h 30
Carte : IGN Série bleue 1/25 000 n° 1346 est Saint-Jean-Pied-de-Port
Difficulté : **

Vous êtes ici dans le domaine des bergers, de leurs chiens, de leurs moutons et, bien sûr, des vautours ! Ceux qui trouvent les vertes collines basques un peu trop douces aimeront la sauvagerie de ce pays calcaire que l'on retrouve, presque intacte, dans le goût un peu âpre du fromage de brebis.

Le rocher de Zerkupe est un belvédère rêvé sur ce magnifique paysage de causses et de forêts. Vous ne serez pas les premiers à en profiter puisque des fouilles ont montré que des hommes vivaient ici dès le début de la protohistoire. Au XVIe siècle, en raison de sa position stratégique, on édifia au sommet une forteresse sur ordre de Ferdinand le Catholique pour pouvoir, en cas de conflit, protéger l'accès à la redoute voisine de Château-Pignon et abriter la population locale. Zerkupe fut ainsi mêlé à des combats successifs en 1521, 1793 et 1813.

Riche en rebondissements, la balade vous entraîne ensuite à travers le lapiaz*. On vous l'accorde, ce n'est pas le genre d'endroit où l'on peut envoyer jouer les enfants pendant qu'on fait une petite sieste mais ce terrain chaotique est idéal pour une leçon de choses sur la façon dont les eaux ont torturé cette étendue calcaire, émoussant ici, aiguisant là, creusant, entaillant partout. Nous y ferons donc, sur des sentiers bien tracés, une incursion rapide pour apprécier la couleur rose vif de certaines roches qui évoquent irrésistiblement de gros biscuits de Reims. La découverte de la grotte d'Elhursaro viendra encore pimenter cette mini-expédition. Les plus petits resteront sur son seuil mais les spéléologues en herbe munis d'une torche et d'un pull (l'humidité à l'intérieur

Les cayolars sous le col d'Orisson

Une bergerie au pied du lapiaz rose

est incroyable) pourront explorer facilement la vaste première salle et même une deuxième, s'ils trouvent le passage, pas très haut, sur la droite, qui y conduit.

ACCÈS

De Saint-Jean-Pied-de-Port, prendre au sud la direction de Saint-Michel et d'Esterençuby puis, lorsque la route s'infléchit sur la gauche vers Saint-Michel, continuer tout droit sur la route des ports de Cize. La montée est très raide mais offre rapidement une vue superbe sur le pic d'Iramendy, la vallée de Saint-Michel et Saint-Jean-Pied-de-Port. Monter à gauche à la patte d'oie suivante. On arrive au col où se trouve la statue de la Vierge d'Orisson et où il faut prendre la route de gauche qui descend assez raide sur l'autre versant. On passe une première piste, sur la droite, avant de laisser la voiture un peu plus loin sur la gauche, au niveau d'un enclos. Attention, en vous garant, de ne pas en bloquer l'accès !

ITINÉRAIRE

(Mieux vaut éviter de faire cette balade par temps de brouillard.) Remonter la route sur 50 m avant de monter à gauche, le long d'un petit ruisseau, en direction du sommet du rocher de Zerkupe. On parvient à la rencontre de deux ruisseaux. Suivre celui de gauche alternativement rive gauche ou rive droite selon l'état (plus ou moins boueux) du terrain. On débouche 15 mn plus tard dans un creux où sont cachés les deux cayolars* d'Urdénaspuru. Passer à gauche de la piste d'accès. On parvient rapidement à un col, au pied de l'éperon rocheux du sommet que l'on contourne par la gauche. Un passage se distingue parmi les pierres. On arrive en vue d'une murette et l'on pénètre dans ce qui était une enceinte protégée par une double rangée de murailles. On distingue ici et là les restes des murs qui séparaient les différentes pièces. Monter jusqu'au sommet du rocher pour profiter de la vue magnifique sur la zone pastorale, la forêt d'Orion et même la vallée de Saint-Jean-Pied-de-Port. Redescendre au col et longer les escarpements rocheux vers la gauche jusqu'au bout. On passe au pied de belles mais difficiles parois d'escalade. Descendre ensuite en lacets à travers les pentes herbeuses par un sentier de moutons assez bien tracé. Viser en contrebas l'embranchement de deux pistes à proximité des deux cayolars d'Elhursaro. Quand vous y parviendrez, prenez la piste qui monte face à vous. Au niveau d'un cayolar et d'un enclos, prendre à droite à la patte d'oie. On arrive à un deuxième cayolar que l'on longe par la droite avant de prendre, à gauche, le chemin bien tracé qui descend dans les fougères parallèlement à la murette de l'enclos. C'est à ce niveau, à l'entrée du lapiaz, que l'on voit les plus belles roches roses. On rejoint, au niveau d'un gros buisson d'aubépine, le cours d'un ruisseau asséché doublé d'un sentier que l'on suit à gauche, en descendant. On remarque rapidement, sur la droite, le sentier qui conduit à la grotte d'Elhursaro. Son entrée est surmontée par un sapin quelque peu torturé qui vous servira de repère. La visite de la grotte terminée, revenir sur vos pas jusqu'aux cayolars d'Elhursaro et suivre à droite la route qui vous ramènera à la voiture.

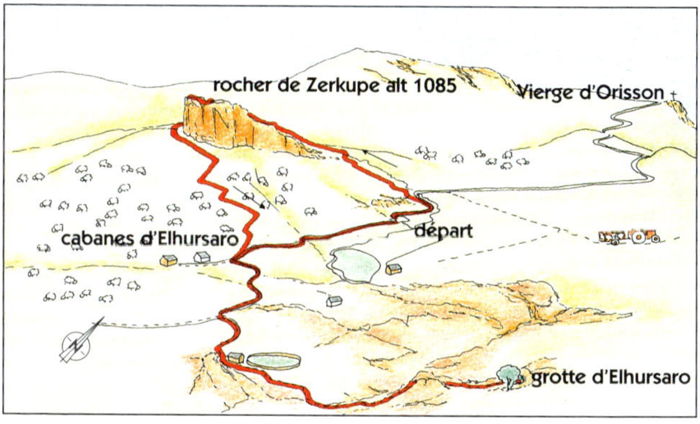

LE PIC D'IRAMENDY

L'ÉCOLE D'ESCALADE

29

Dénivelée : 261 m
Altitude max. : 866 m
Horaire : 2 h
Carte : IGN Série bleue 1/25 000 n° 1346 ouest Saint-Jean-Pied-de-Port
Difficulté : **

Pas de discours ici. L'Iramendy est une montagne qui nécessite une approche physique. Vous allez parcourir une longue crête, régulièrement ponctuée de blocs de poudingue* que les poules mouillées peuvent, certes, contourner mais que les fans en culotte courte de Patrick Edlinger ou Catherine Destivelle se feront un plaisir d'escalader. Bien sûr, toute supervision parentale n'est pas à écarter, mais avec du niveau II inférieur, les risques sont tout de même réduits ! Alors, qu'est-ce que vous attendez ?

ACCÈS

De Saint-Jean-Pied-de-Port, prendre la D 301 au sud. Traverser Saint-Michel, passer le pont à droite et prendre, à gauche, la route qui longe la Nive de Béhérobie. Prendre ensuite, sur la gauche, la petite route qui monte en direction du col d'Irey. Laisser la voiture, avant d'arriver au col, au niveau d'une maison en pierre. On trouve, de l'autre côté de la route, un abreuvoir et une prise d'eau.

Les collines de Saint-Michel

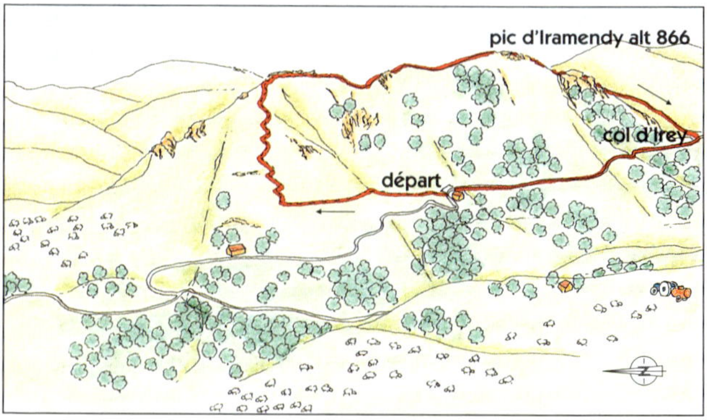

ITINÉRAIRE

Suivre le chemin qui part au niveau de la prise d'eau. On arrive de suite à une patte d'oie où il faut prendre à gauche. Un peu plus loin, on entre dans un petit bois de hêtres. Suivre le sentier le plus bas à la limite supérieure de la fougeraie. À la sortie du bois, descendre de quelques mètres pour trouver un sentier plus marqué qui part dans les fougères. Prendre à gauche à la patte d'oie suivante. Passer à droite de quelques blocs de poudingue* et continuer à flanc. On rejoint un deuxième petit promontoire marqué par un buisson d'aubépines et des blocs de poudingue. De là, monter à 90° sur votre droite à travers des pentes herbeuses où le sentier disparaît. Monter face à la pente pour rejoindre l'arête. On la suit en escaladant (ou contournant) divers groupes de rochers. On parvient au pied de l'avant-dernier mamelon que l'on franchit, au choix, par la droite ou en suivant la crête. On parvient à un petit col avant le dernier ressaut avant le sommet. Pour le franchir, rester sur la crête, puis se déporter sur le versant gauche. Revenir, enfin, sur l'arête principale qui nous conduit aisément au sommet. La descente, sans difficulté, se fait, elle aussi, sur la crête en slalomant entre les blocs de poudingue. On rejoint un petit bosquet sur notre droite après lequel il est possible d'éviter les rochers en suivant un sentier sur la gauche. Rejoindre, plus bas, l'arête principale et suivre une des nombreuses sentes de moutons pour une descente un peu raide mais peu difficile dans la pente herbeuse. Contourner un dernier bloc de poudingue par la gauche avant de rejoindre le col d'Irey et la route qui nous ramènera, à droite, en descendant, à la voiture.

LA SOULE

LE MATALON

SUR LE CHEMIN DE RONDE

30

Dénivelée : 229 m
Altitude max. : 439 m
Horaire : 1 h 45
Carte : IGN Série bleue 1/25 000 1445 est Mauléon-Licharre
Difficulté : **

Il n'est pas toujours nécessaire de grimper à de folles altitudes pour mieux comprendre la géographie d'une région. Du sommet du Matalon, c'est toute la Soule, la plus petite et la plus orientale des sept provinces basques que l'on découvre.
Ample et fertile, la basse vallée du Saison s'épanouit à votre droite entre de modestes mamelons. Étranglée aux abords de Mauléon, elle reprend ses aises entre Libarrenx et Trois-Villes, bordée à gauche par les crêtes qui relient le Matalon à la Madeleine et à droite par le massif calcaire des Arbailles. Au sud, le relief prend vite de l'ampleur. Chardekagagna, Otchogorrigagna s'encadrent à l'horizon entre le pic d'Orhy, à droite, et le pic d'Anie, à gauche et déjà béarnais. On accède à ces montagnes de haute Soule, aussi appelées Basabüria (l'extrémité sauvage), par de petites vallées encaissées où seuls se glissent le gave, la route et quelques prés tout en longueur.

Le sommet rebondi du Matalon

Au pied du Matalon, les enfants se régaleront en visitant le château fort de Mauléon. Vraisemblablement construit au XIIe siècle et remanié au XVIe, il avait la réputation d'être *« le plus fort castel de Guyenne assis sur son moult haut roc »*. On peut explorer ses cachots et arpenter son chemin de ronde de canon en canon, en profitant de belles vues sur Mauléon, capitale de la Soule et de l'espadrille !

ACCÈS

Au premier rond-point, à l'entrée nord de Mauléon, prendre à gauche la direction de Mauléon-centre. Juste après une station Elf, prendre à gauche la direction d'Oloron.
Traverser le Saison et, au « stop » suivant, prendre à gauche et aussitôt à droite la direction du Vieux Mauléon.
Prendre à droite, à l'embranchement suivant, la rue qui monte jusqu'à la grande place du marché.
Tourner à gauche, passer sous le fronton et continuer par la rue du hameau.
Traverser la rue Francis Jammes et prendre à droite, à la patte d'oie suivante, la rue du Moulin qui monte très raide.
On trouve, au sommet de la montée, un petit quartier.
Laissez la voiture à droite sur un petit parking au niveau de la dernière maison.

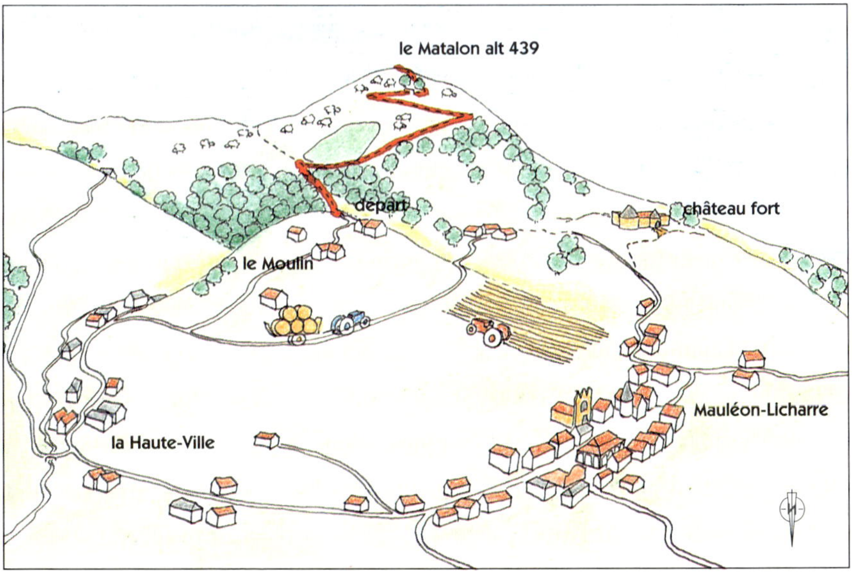

Un puits d'autrefois

(Au début ou à la fin de cette balade, vous pouvez remonter dans le haut de la place du marché et suivre la route qui mène au château fort.)

ITINÉRAIRE

Cet itinéraire est balisé en jaune et bleu.
Du parking, continuer sur la route jusqu'à un embranchement où l'on prend la piste qui monte à droite. 100 m plus loin, franchir une clôture à droite par une petite échelle et longer la bordure inférieure d'un pré pour rejoindre, en face, une piste qui entre dans la forêt.
Bien rester sur la piste principale jusqu'à une épingle à cheveux où l'on prend à gauche la piste la plus haute.
Elle rejoint un petit bouquet d'arbres, puis tourne à droite. Franchir une barrière grâce à une échelle. Continuer dans la même direction jusqu'à un bosquet, à l'angle d'une clôture. Remonter alors tout droit à travers prés vers deux barrières que l'on franchit successivement grâce à des échelles.
(On retrouve à ce niveau le balisage jaune et bleu que l'on avait un peu perdu).
On est alors sur une piste herbeuse qui conduit au sommet du Matalon, marqué par une borne IGN.
Suivre le même itinéraire au retour.

Dans l'enceinte du château

LE SOMMET D'AHARGO

LES TRÉSORS DE BARCUS

31

Dénivelée : 219 m
Altitude max. : 609 m
Horaire : 1 h 45
Cartes : IGN Série bleue 1/25 000 1446 est Tardets-Sorholus et 1445 est Mauléon-Licharre
Difficulté : **

Imaginez la surprise du brave habitant de Barcus qui mit à jour un beau matin dans la cour de sa ferme un trésor de 1800 pièces de monnaies celtibères ! Oubliant la valeur intrinsèque de la découverte, on s'employa à lui trouver une utilité immédiate et les pièces furent utilisées par un fabricant de makhilas qui en décora ses cannes ferrées.
Le deuxième trésor de Barcus, c'est ce joli belvédère d'où vous découvrirez de superbes vues sur la plaine, ses villes et villages comme Mauléon, Navarrenx et Oloron-Sainte-Marie, mais aussi sur les montagnes de haute Soule et du Béarn, premiers sommets pyrénéens « sérieux » puisqu'ils frisent ou dépassent les 2 000 m.

ACCÈS

De Mauléon, suivre la D 24 en direction de Barcus. Après l'embranchement où la D 25 part à gauche en direction de l'Hôpital-Saint-Blaise, on atteint, environ 7 km plus loin, le quartier Maysonnave, situé sur un col marqué d'une croix. Laisser la voiture au niveau d'un embranchement.

La vallée de Barcus du sommet d'Ahargo

Les collines de Barcus à l'automne

ITINÉRAIRE

Suivre la petite route qui part au nord-est. On la quitte 500 m plus loin pour prendre à droite une piste qui monte à travers un bosquet de châtaigniers. Laisser une piste à gauche pour continuer tout droit, puis longer par la droite une clôture bordée de noisetiers. On rejoint un col où se trouvent deux bordes* de part et d'autre de la piste. Prendre à gauche, à l'embranchement suivant, un chemin de crête qui, quittant la forêt, s'élève en direction d'un premier mamelon. Le chemin monte assez raide et décrit un S avant d'atteindre un premier sommet, à 609 m. Continuer sur la crête à l'est-nord-est et franchir successivement un col, un mamelon coté à 603 m et un deuxième col avant d'atteindre le sommet d'Ahargo marqué d'une croix en fer. Suivre le même itinéraire au retour.

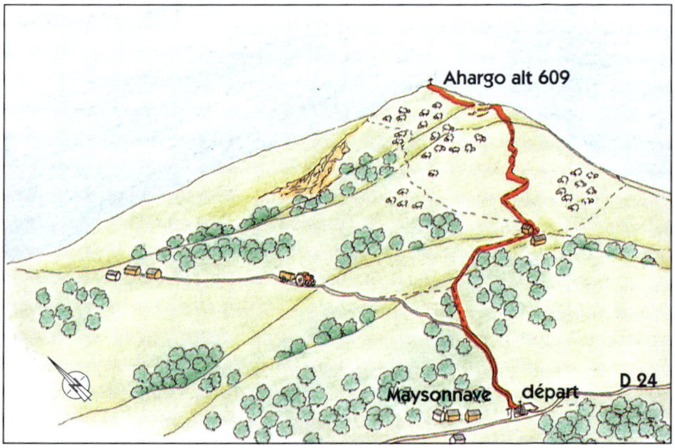

LE CHAPEAU DE GENDARME

RANDONNÉE SUR LE MONT CHAUVE

32

Dénivelée : 320 m
Altitude max. : 572 m
Horaire : 2 h 00
Carte : IGN Série bleue1/25 000 1446 est Tardets-Sorholus
Difficulté : **

Comme échappé tout droit du massif des Arbailles voisin, le Chapeau de Gendarme est un gros pli calcaire isolé au milieu des marnes du bassin de Tardets. C'est leur forme de croissant caractéristique qui vaut un tel nom à ces phénomènes géologiques mais il faut bien reconnaître que ce chapeau de gendarme-ci, tout en rondeurs, ressemble davantage à un chapeau melon !
Il est baigné par le Saison, où les truites abondent, au niveau de Tardets, dans des proportions hors du commun.
Francis Jammes, qui aimait pêcher, était tombé profondément amoureux de cette vallée dont il écrivait :
« Ton nom seul m'éblouit. Dans tes gorges, l'ombre elle-même est lumineuse, tout ruisselle dans la verdure avec un bruit frais d'argent. À chaque nouveau regard que je t'ai donné, tu t'es davantage incrustée dans mon cœur, ô vallée, comme un diamant ».

ACCÈS

De Mauléon, suivre la D 918 au sud. Après Tardets, prendre la D 26 en direction de Larrau. 1,5 km après Laguinge-Restoue, tourner à droite vers Atherey et laisser la voiture contre l'église.

Le sauvage versant sud du Chapeau de Gendarme

ITINÉRAIRE

Cet itinéraire est balisé en jaune. Partir au nord sur la petite route goudronnée qui passe au pied du Chapeau de Gendarme. On la quitte 200 m plus loin, dans un virage à droite, pour suivre un sentier à gauche et franchir une barrière aussitôt.

Le sentier part à l'ouest en lisière du bois.

À la patte d'oie suivante, suivre le sentier de droite qui monte en lacets et sort du bois.

La vue, alors qu'on surplombe le village d'Athérey, se dégage sur le fond de la vallée. Le sentier part brièvement au nord puis revient à l'ouest en terrain calcaire parmi les fougères et les ajoncs. Il fait un virage sec sur la droite, au niveau d'un buisson d'aubépine, puis monte en lacets sur le flanc sud-sud-est. Passer sous les rochers du sommet pour atteindre la crête rocheuse au sud. Une série de courts lacets mène au sommet herbeux et rocailleux. La vue est superbe sur la vallée du Saison, les montagnes de haute Soule et du Béarn.

Au retour, revenir 5 m en arrière et prendre à gauche vers l'est. Le sentier tourne à gauche dans les noisetiers et commence à descendre, face au village de Lichans-Sunhar. Passer sous un gros chêne et contourner des broussailles. Partir à l'est pour éviter quelques rochers et revenir en traversée face au village. Le sentier rejoint une borde* qu'on longe par la gauche juste au-dessus du village. Une piste succède au sentier et rejoint une petite route.

On quitte le balisage pour la suivre à droite le long du Saison jusqu'à Athérey où vous retrouverez la voiture.

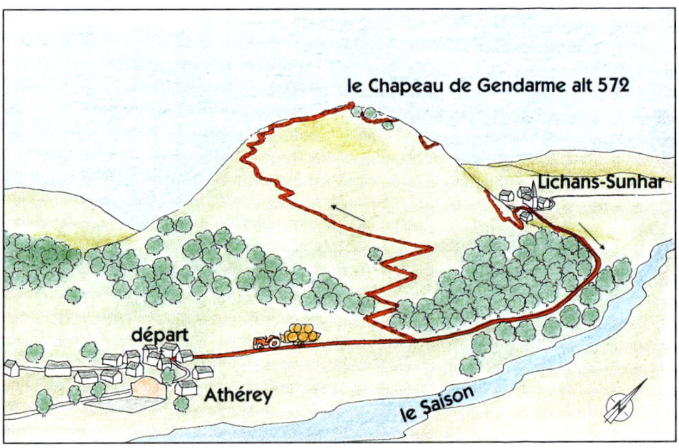

SUR LES HAUTEURS DE SAINTE-ENGRÂCE

LE BALCON DE KAKOUETA

33

Dénivelée : 360 m
Altitude max. :
1 020 m
Horaire : 2 h 30
Carte : IGN
Série bleue 1/25 000
1447 nord
Larrau
Difficulté : *

Contrairement aux autres canyons de Soule, les gorges de Kakoueta sont complètement aménagées pour les promeneurs. Ponts, passerelles et escaliers permettent d'atteindre sans encombre la cascade de Kakoueta. Rien ne vous empêche d'aller voir ces belles falaises blanches, coiffées d'une forêt abondante, qui s'élèvent au-dessus des piscines d'eau turquoise. Rien... sauf les nombreux visiteurs qui affluent sans cesse. Le sentier, jalonné de panneaux « priorité à la montée » ou « priorité à la descente » laisse imaginer la joyeuse bousculade qui peut régner ici certains jours ! Heureusement, voici un itinéraire qui vous permettra de découvrir ces gorges auréolées du mystère et de la sauvagerie qui leur étaient propres à l'origine. C'est une promenade facile et très fraîche dans une hêtraie superbe, dorée à point dès septembre et sillonnée par plusieurs petits ruisseaux comme l'Heyleko Erreka* ou le Larrandaburuko Erreka. C'est le biotope idéal pour toutes sortes de champignons, à tel point que la municipalité a passé un arrêté interdisant leur cueillette aux visiteurs trop gourmands ! La large piste forestière épouse les contours de la gorge que l'on aperçoit, de-ci, de-là à travers le feuillage. Quel plaisir quand, au terme de la balade, le rideau d'arbres se lève enfin sur les

La vallée de Sainte-Engrâce

Une cascade
dans la hêtraie

spectaculaires à-pics de Kakoueta et toute la basse vallée de Sainte-Engrâce !

ACCÈS

De Mauléon, prendre au sud la D 918. À la sortie de Tardets, continuer au sud sur la D 26 puis, peu après Licq-Athérey, prendre à gauche l'étroite D 113 vers Sainte-Engrâce. Peu après le vaste parking et le chemin d'accès des gorges de Kakoueta, prendre la première petite route à droite, signalée par un panneau « Cueillette de champignons interdite ». Passer un premier pont, puis un deuxième : le pont de Gaztelugar. Continuer à droite sur la petite route dont le revêtement disparaît par intermittence. Laisser une petite route à gauche puis garer la voiture sur le bas-côté droit, juste après un virage, au niveau de la grange Haraquebi (Arrakoborda sur la carte) et d'une petite route qui part sur la gauche.

ITINÉRAIRE

Continuer tout droit sur la route qui aussitôt se transforme en piste caillouteuse. Suivre cette longue piste forestière, balisée de rouge et blanc, aux couleurs du GR* 10 qui épouse, sur la hauteur, les contours des gorges de Kakoueta. À mi-parcours, laisser une piste qui part sur la gauche. On arrive plus haut sur une vaste esplanade d'où part une autre piste forestière à gauche et d'où l'on a une très belle vue sur les gorges de Kakoueta. Suivre le même itinéraire au retour.

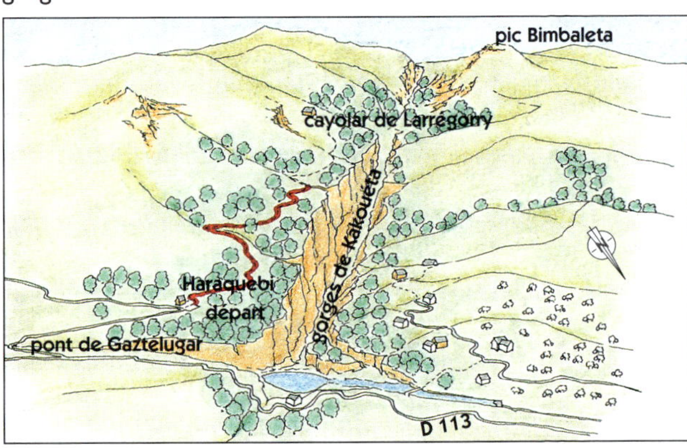

LE MONT MURRUTCHEGAGNE

VOL AU-DESSUS D'EHUJARRE

34

Dénivelée : 405 m
Altitude max. : 1 035 m
Horaire : 2 h 30
Carte : IGN Série bleue 1/25 000 1447 nord Larrau
Difficulté : **

La commune de Sainte-Engrâce n'en finit plus d'étirer son chapelet de quartiers le long de la D 113. Ici, il faut faire son deuil d'un quelconque centre de village : 4 à 5 bons kilomètres séparent la mairie de l'église et quand on découvre enfin cette dernière, la route s'arrête et l'on a la nette impression d'être arrivé au bout du monde. Mais les apparences sont trompeuses et ce bijou de l'art roman, datant du XIe siècle, appartenait en fait à une importante collégiale, jadis située sur la route qu'empruntaient, pour franchir les Pyrénées, de nombreux pèlerins en route pour Compostelle. Prévoyez quelques pièces de dix francs pour faire fonctionner la minuterie et admirer ses merveilleux chapiteaux sculptés où se mêlent la Création, la Résurrection, les amours de Salomon et de la reine de Saba, des scènes de danse échevelées, un éléphant et un ours des Pyrénées !
Des hauteurs du Murrutchegagne, vous découvrirez des vues superbes sur cette belle vallée vert pomme. Des pelouses du

Sainte-Engrâce au pied du Chouripunta

sommet, idéales pour un pique-nique ou une sieste, le regard plonge au cœur du majestueux canyon d'Ehujarre et remonte en direction des sommets confondus de Soule, du Béarn, d'Aragon et de Navarre où la neige et les forêts sombres s'accrochent volontiers...

ACCÈS

De Mauléon, prendre au sud la D 918. À la sortie de Tardets, continuer au sud sur la D 26 puis, peu après Licq-Athérey, prendre à gauche l'étroite D 113 qui vous conduira, 11 km plus loin, à l'église de Sainte-Engrâce. Laisser la voiture sur le parking voisin.

ITINÉRAIRE

De l'église, revenir en arrière sur quelques mètres et prendre, à droite, un sentier balisé de rouge et de jaune en direction du Murrutchegagne. On rejoint une petite route que l'on traverse avant de contourner un hangar par la droite. Poursuivre la montée sur un large chemin, désormais balisé d'une double marque jaune qui dessert deux bergeries. On arrive aussitôt après à une patte d'oie : rester sur la piste qui monte raide tout droit. Passer à gauche d'une bergerie et, à l'embranchement suivant, rester sur la piste principale, à

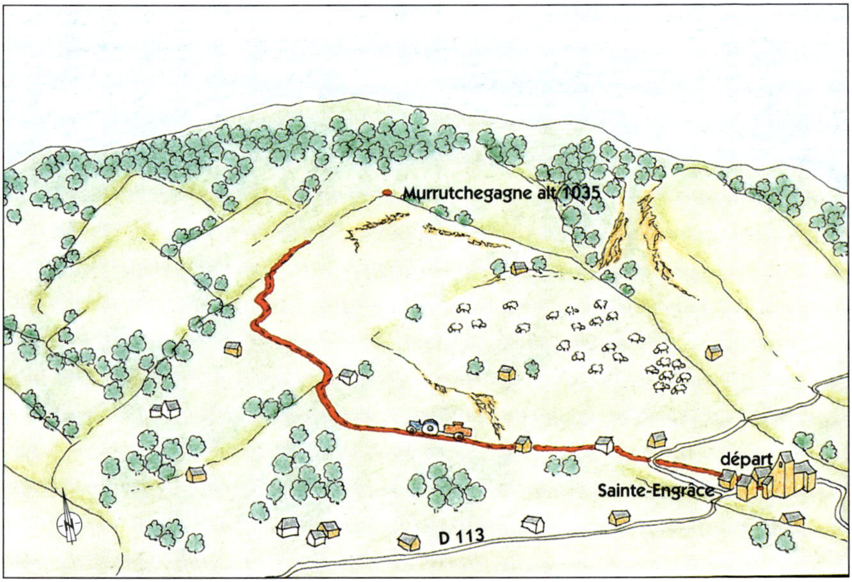

droite. On passe à gauche d'un large abreuvoir en plastique, puis la piste décrit un premier lacet puis un deuxième, très prononcé, en revenant en balcon au-dessus de la vallée. C'est ici qu'il faut la quitter pour prendre le sentier qui monte tout droit à l'assaut de la croupe herbeuse. Un gros rocher balisé vous confirmera rapidement la bonne direction. Bifurquer, juste après, sur la gauche pour monter, sur 20 m, dans les pelouses. On retrouve rapidement un sentier dont le départ est marqué par un rocher et un buisson d'aubépine balisés. On arrive, au niveau d'une grosse aubépine, à une petite fourche où il faut prendre le sentier qui continue tout droit. À l'embranchement suivant, suivre le balisage pour prendre le chemin qui part sur la droite et décrit un petit lacet. Poursuivre sur ce sentier pendant quelques mètres avant de prendre un nouveau sentier à droite (changement de direction balisé), un peu avant un gros hêtre isolé. Continuer sur ce sentier qui débouche en balcon au-dessus de la vallée puis monter, à gauche, en direction du sommet couvert de végétation en suivant une série d'aubépines. On débouche sur une vaste pelouse d'où l'on découvre les plus belles vues sur le canyons d'Ehujarre ! Le sommet est marqué d'une aubépine largement balisée qui vous abritera agréablement du soleil en plein été. Suivre le même itinéraire au retour.

En montant au Murrutchegagne

LE VERSANT SUD

LA POINTE BIOSNAR

BALADE IRLANDAISE

35

Dénivelée : 260 m
Altitude max. : 220 m
Horaire : 2 h 30
Difficulté : ***

Ne vous imaginez pas qu'il suffit de passer la frontière pour trouver les lavandes et les cigales. Vous ne verrez rien de très méridional ici mais l'ambiance celtique est garantie. D'immenses pelouses vert pomme semblent se fondre dans l'océan. Les ruisseaux se jettent dans la mer, créant des vasques où les joncs et les chevaux côtoient les algues et les crabes. Des troupeaux de moutons pâturent au ras de l'eau. La mer et l'agriculture sont ici intimement liées et les algues que vous verrez sécher sur les rochers seront plus tard épandues comme fertilisant dans les champs.
Cette portion de côte rocheuse qui s'étire au pied du Jaizkibel abrite une succession de criques que de vigoureuses pointes rocheuses protègent des assauts des vagues aussi sûrement que des digues. La plus spectaculaire d'entre elles est certainement la pointe Biosnar, longue étrave de grès battue par les vagues. L'eau et le vent y ont tracé de superbes dessins du jaune pâle au marron caramel et creusé quelques anfractuosités où se plaisent des bouquets de plantes marines. Une croix plantée à son extrémité rappelle qu'il vaut mieux

Les prairies du bord de mer

La petite anse d'Iturraingo Erreka

ne pas laisser les enfants s'y aventurer trop loin mais qu'importe ! Quelques petits pas suffiront à leur donner et l'ivresse du grand large et l'impression d'être un capitaine à la proue d'un imposant navire !

ACCÈS

D'Hendaye, prendre la direction de Fontarrabie, passer devant l'aéroport et tourner rapidement à gauche, au pied des remparts de la vieille ville, en direction du Jaizkibel et de Guadalupe. Longer les remparts par la gauche. À un premier feu, la route s'infléchit sur la droite. Tourner alors à gauche vers le Jaizkibel et Guadalupe. Prendre à gauche aux deux embranchements suivants. Monter à travers champs, passer devant l'église de Guadalupe et prendre à gauche la direction du Jaizkibel. Laisser à droite la petite route qui mène au bar Gustiz et garez-vous aussitôt après à droite sur un grand parking envahi de panneaux de lutte contre les incendies.

ITINÉRAIRE

Traverser le parking, franchir une petite échelle et suivre le sentier qui descend en direction de la mer. On traverse une piste un peu plus bas pour continuer tout droit sur la croupe herbeuse vers la mer. On retrouve la piste en contrebas. Lorsqu'elle tourne à gauche, au niveau de deux panneaux de lutte contre les incendies, continuer légèrement à droite vers les bandes rocheuses jaunes du bord de mer. Passer à gauche d'un petit vallon où l'on trouve un abri blanc. Franchir une clôture par une petite échelle et traverser le petit ruisseau d'Iturraingo Erreka*. On rejoint rapidement une petite anse bordée de jolis rochers jaunes alvéolés.

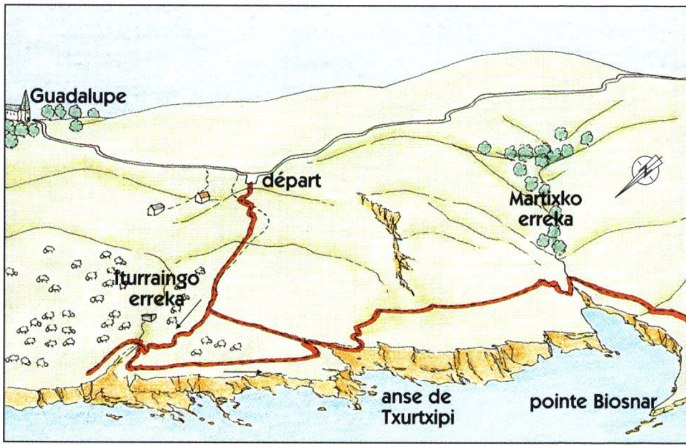

Après un petit tour de la crique, revenir un peu en arrière et monter à droite jusqu'à la clôture que l'on franchit au niveau d'une petite échelle et que l'on va suivre parallèlement à la côte. Un petit panneau indique qu'on surplombe l'anse de Txurtxipi. Prendre à ce niveau un chemin assez large qui s'éloigne de la clôture et monte à travers la pelouse. Ce chemin tourne assez sec sur la gauche et on le quitte pour suivre à droite un petit sentier qui descend vers une nouvelle crique pleine de gros galets. Rejoindre le ruisseau Munuandi Erreka et traverser la plage avant de suivre le sentier qui part au pied des falaises en face. Sur la hauteur, on s'éloigne momentanément de la côte pour rejoindre la clôture plus haut, sur notre gauche, et la franchir par une petite échelle. Continuer sur le sentier qui monte assez raide en face. On rejoint un sentier qui part à flanc sur la droite et que l'on suit. À la fourche suivante, prendre le sentier de gauche qui part en direction d'un portique en bois. Il s'élargit, passe sous le portique et dégringole vers une nouvelle crique.

Ne pas descendre complètement jusqu'à la plage mais suivre, à mi-hauteur, le sentier qui passe à gauche de la cabane, au pied de la cascade de Martixko Erreka et monte sur le versant opposé. Tenez bien la main des enfants sur la hauteur. Quelques passages un peu aériens exigent la prudence.

On rejoint ainsi rapidement la longue pointe de Biosnar.

Au retour, suivre le même itinéraire jusqu'au portique en bois et rejoindre au-dessus le large chemin que l'on suit à droite jusqu'aux deux panneaux de lutte contre l'incendie où l'on retrouve l'itinéraire de l'aller.

LES COLLINES DE GETARIA

LES VIGNES DU BORD DE MER

36

Dénivelée : 155 m
Altitude max. : 120 m
Horaire : 2 h 00
Difficulté : *

Sur la côte du Guipúzcoa, Getaria est la patrie de Juan Sebastián Elcano, le premier homme qui fit le tour du monde. Parti de Sanlúcar en septembre 1519 avec Magellan et 265 hommes sur cinq vaisseaux, il rallia Séville trois ans plus tard avec un seul navire et 18 hommes. Getaria est aussi célèbre pour sa grande baie protégée des vents et bordée par le mont San Antón, une île rebondie, aujourd'hui reliée à la côte par une digue, el pasadizo. Ce superbe belvédère sur la mer Cantabrique permettait autrefois de surveiller l'arrivée des baleines. C'est aujourd'hui un but de promenade classique où l'on déambule sous les arbres jusqu'au phare.
Plus originale est cette randonnée, entre mer et campagne, dans les collines à l'ouest de la ville d'où vous comprendrez mieux, en la voyant de profil, pourquoi on surnomme l'île de San Antón, el Ratón (la souris). C'est ici que l'on produit le txakolí. C'est un vin souvent blanc mais parfois rouge, jeune, fruité, légèrement acide et faiblement alcoolisé qui accompagne à merveille les poissons et les fruits de mer. Les vignes, soutenues par des pieux d'environ 1,50 m auxquels elles sont attachées par des petits bouts de tissu coloré, forment de véritables voûtes de verdure sous lesquelles les poules se promènent, les enfants jouent et les vendangeurs, à peine courbés, cueillent les raisins par en dessous.

Les falaises du Guipúzcoa

En route vers Azkizu

ACCÈS

De Bayonne, prendre l'A 63 en direction de Donostia/San Sebastián puis l'A 8 vers Bilbo/Bilbao. On la quitte à la sortie n° 11 en direction de Zarautz et de Getaria. Du centre de Getaria, prendre la direction de Zumaya puis tourner à gauche vers Meagas. On longe aussitôt le grand bâtiment rosé de l'usine Indaux. Laisser la voiture à ce niveau.

ITINÉRAIRE

Juste après l'usine, suivre, dans son prolongement, le chemin empierré qui monte raide parmi les premières vignes. On atteint, sur la hauteur, un petit quartier. Passer entre les maisons Ekeregi-Beri et Ekerregi-Txiki. Le chemin descend dans le creux du vallon et franchit un petit ruisseau. Passer à gauche d'un entrepôt blanc et à droite d'un mur en parpaings. Le chemin continue à travers les vignes et les vergers, traverse un deuxième ruisseau au niveau de la maison Leidi puis remonte jusqu'à la petite route goudronnée que l'on suit tout droit. À l'embranchement suivant, continuer tout droit en direction d'Azkizu mais remarquer, à droite, la route par laquelle nous arriverons au retour. Laisser une première route cimentée à gauche pour prendre la suivante qui passe devant une large maison blanche aux volets verts. À l'embranchement suivant, suivre brièvement le chemin de terre sur la gauche pour découvrir une belle fontaine de 1718. Reprendre ensuite la route jusqu'au village d'Azkizu. L'église San Martín apparaît rapidement à votre gauche. Continuer sur la petite route qui passe à gauche du fronton et s'infléchit à droite, offrant de jolies vues sur l'océan. Laisser une petite route à gauche. Lorsque la route descend à droite vers le fond du vallon, on la quitte pour continuer tout droit sur une petite piste cimentée. Passer à gauche d'une ferme et prendre le chemin qui descend, à droite, avant un hangar. On le quitte à l'embranchement suivant pour suivre, à droite, un sentier qui part en traversée parallèlement à la mer. Passer un portail avant de traverser un bosquet de chênes verts et de déboucher dans la cour d'une ferme. Continuer tout droit sur la petite route cimentée d'où les vues sur les vignes et la baie de Getaria sont superbes. On rejoint un petit quartier où se trouve, sur la droite, l'ermitage de San Prudencio. Continuer la descente jusqu'au carrefour où l'on retrouve l'itinéraire de l'aller.

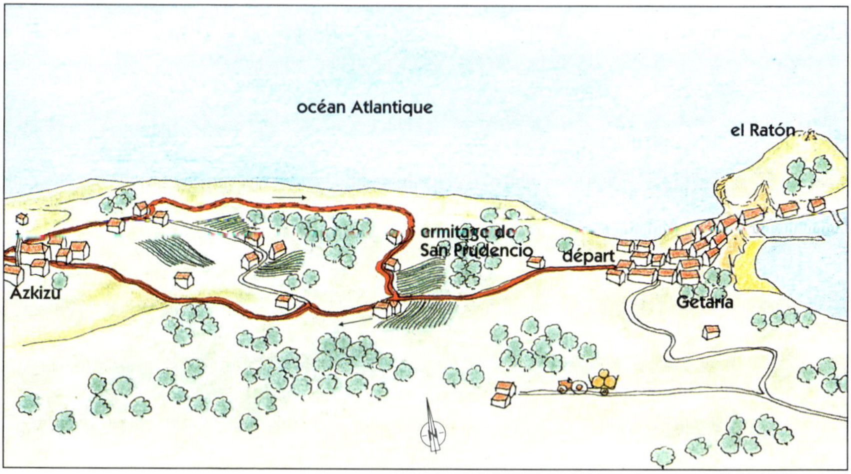

LA PLAGE D'ENDATA

LA BAIE DE LA DEMI-LUNE

37

Dénivelée : 230 m
Altitude max. : 170 m
Horaire : 2 h 30
Difficulté : **
Attention à ne pas traverser la plage sur toute sa longueur si la marée monte.

Imaginez une immense baie en demi-lune au pied de falaises gris sombre... Un peu austère, oui, mais majestueuse. Bien. Un peu plus dur, maintenant : imaginez une plage sauvage où chaque marée fait disparaître les baigneurs et les traces de leur passage. L'idée vous tente ? Descendez vite jusqu'à l'océan parmi les pins parfumés, les chênes verts et les figuiers. En octobre, quelques chasseurs attendent les palombes malignes qui préfèrent passer par la mer que par les cols pyrénéens. Ouvrez l'œil pour ne pas vous interposer par mégarde !
Endata est désormais à vos pieds. Improvisez selon la marée. Si elle est basse, il suffit de se laisser glisser au bout d'une corde pour rejoindre le sable et l'eau. Si la mer est haute, prenez votre temps et contournez la plage sur la hauteur. La vue sur la baie est formidable depuis ces falaises. Les pâturages, les fermes, les champs de maïs ont quasiment les pieds dans l'eau. Au-delà, c'est l'Océan à perte de vue... On

La pointe d'Endata à marée basse

devine déjà l'Amérique ! Seul un pêcheur qui pose ses filets ou un petit voilier viennent tacher de blanc cette immensité bleue. La petite plage voisine de Zakoneta vous permettra d'attendre agréablement que la marée descende pour vous glisser alors dans le couloir de roche grise feuilletée qui vous conduira au pied des spectaculaires falaises d'Endata.

ACCÈS

De Bayonne, prendre l'A 63 en direction de Donostia/San Sebastián puis l'A 8 vers Bilbo/Bilbao. On la quitte à la sortie n° 13 en direction d'Itziart et de Deba. Suivre la N 634 à gauche et prendre aussitôt, toujours à gauche, la petite route qui descend vers le village d'Itxaste. On arrive rapidement à un premier embranchement : continuer en direction du camping. À la patte d'oie suivante, tourner à droite pour rejoindre un cul-de-sac, près d'une vieille maison en pierres aux volets bleus, où on laisse la voiture.

ITINÉRAIRE

Prendre le chemin empierré qui longe la maison par la droite et descend sous les arbres. Au niveau d'une cabane en tôle verte, le chemin s'infléchit sur la droite. Il conduit à une ferme abandonnée que l'on contourne par la gauche. Au niveau d'un gros figuier, le chemin s'interrompt et plusieurs sentiers plus ou moins nettement tracés lui succèdent. Il faut alors descendre en direction de l'Océan et de la voie ferrée. Restez bien à gauche car il ne s'agit pas de traverser directement les rails mais de passer sur le dessus d'un tunnel. Un deuxième

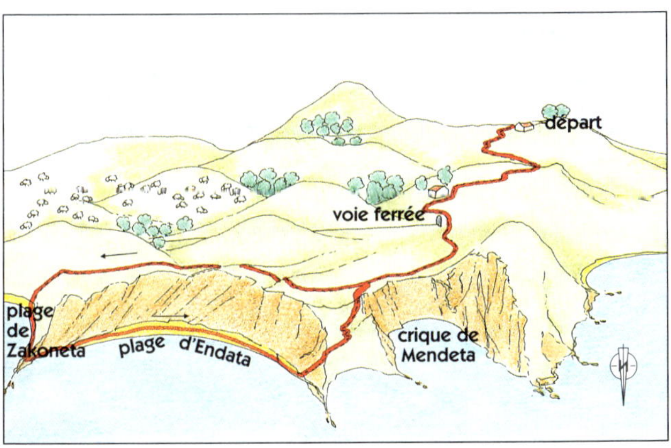

figuier vous indiquera le passage. Traverser ensuite un champ avant de suivre, à droite, le contour du littoral. On retrouve un peu plus bas un sentier qui franchit une clôture puis la longe par la droite. Franchir un petit ruisseau. On contourne par la droite un éperon rocheux dressé au-dessus de la petite crique de Mendeta. La plage d'Endata est de l'autre côté de la clôture. Si la marée le permet, on peut la rejoindre ici en se laissant glisser au bout d'une corde. Sinon, longer par la droite la clôture qui remonte raide sur le versant opposé, révélant un panorama de premier choix. La clôture fait un angle droit et repart à droite. On la suit encore sur 20 m, puis on la franchit grâce à une petite échelle. Continuer tout droit dans les pelouses où les sentiers se mêlent un peu confusément. Repérer alors la maison Zakoneta en contrebas et descendre dans sa direction puis, juste avant d'y parvenir, au niveau d'un figuier, prenez à gauche le chemin de la plage de Zakoneta. Il faut franchir une petite clôture grâce à une petite marche en bois pour parvenir sur le sable.
Franchir ensuite à gauche l'avancée rocheuse qui sépare les deux plages. Si la marée le permet, vous pourrez profiter de cette belle plage puis la traverser sur toute sa longueur et remonter au bout grâce à la corde pour retrouver l'itinéraire de l'aller. Par marée haute, profitez du coup d'œil et patientez sur la plage de Zakoneta ou reprenez le même itinéraire pour le retour.

La côte sauvage

SUR LES HAUTEURS DE MUNDAKA

LES RIAS DE BISCAYE

38

Dénivelée : 205 m
Altitude max. : 172 m
Horaire : 3 h 00
Difficulté : **

Les nombreuses rias qui jalonnent la côte de Biscaye ont été creusées par les fleuves en des temps (glaciaires) où le niveau de la mer était bien plus bas. Un petit coup de chaud et la mer, en remontant, a envahi le cours de ces fleuves. La ria la plus spectaculaire est certainement celle de Gernika sur le río Oka. Bordé d'une part par le port de Mundaka et de l'autre par les deux plages de rêve de Laida et Laga, ce site particulièrement riche et varié a été classé comme réserve de biosphère par l'UNESCO. Du sommet de Betrokolo, la vue est idéale sur cette petite merveille naturelle. Au sud de la ria, les marécages et les prés de la vallée du río Oka tapissent de verdure le pied du mont Oiz. Le cap d'Ogoño pointe à l'est, près de l'île d'Izaro qui marque l'entrée de la ria et où se dresse une adorable chapelle. Comme Bermeo, Elantxobe et Mundaka revendiquaient la propriété de l'île, il fut décidé qu'une régate de traînières opposerait les trois villes et le vainqueur, Bermeo, emporta Izaro. Les traînières, grosses barques rapides et légères, apparurent au début du XIXe siècle lorsque les pêcheurs basques, après avoir capturé les dernières baleines, se tournèrent vers les anchois et les sardines du golfe de Gascogne. Aujourd'hui, des équipes de

À l'entrée de la ria de Mundaka

treize rameurs et un barreur s'affrontent à leur bord à l'occasion de régates très populaires. La plus célèbre, celle de la Concha, rassemble à San Sebastian plus de 100 000 personnes les deux premiers dimanches de septembre.

ACCÈS

De Bayonne, prendre l'A 63 en direction de Donostia/San Sebastián puis l'A 8 vers Bilbo/Bilbao. On la quitte à la sortie n° 18 en direction de Gernika. De Gernika, suivre la C-6315 jusqu'à Mundaka et prendre à droite, à l'entrée de cette petite ville, la rue Florentino Larrinaga qui descend jusqu'à la place de l'église et au port où vous laisserez votre voiture.

Le sommet de Betrokolo

ITINÉRAIRE

Du parking du port, remonter jusqu'à Goiko Kalea, l'artère principale de Mundaka que l'on suit à gauche. Passer sous la C-6315 et suivre en face la petite route qui remonte, le long d'un ruisseau, vers Demiku et rejoint une ferme-auberge. Passer à droite de l'auberge. Du parking où se trouvent quelques jeux pour enfants, part une piste que l'on suit, toujours le long du ruisseau. Elle s'enfonce sous les noisetiers puis remonte et franchit le ruisseau que l'on longe désormais par la droite. Continuer à monter très raide pour profiter, sur la hauteur, de belles vues sur la ria de Gernika. Prendre ensuite à droite une piste qui monte très raide. On aperçoit, à ce niveau, le petit quartier de Demiku. Rejoindre le réservoir d'eau portant l'inscription « Buspemun Urak ».
À l'embranchement suivant, suivre la piste qui descend à droite vers Demiku. Elle longe un bosquet de pins et rejoint une petite route que l'on suit à droite jusqu'à Demiku. Traverser ce quartier et continuer à l'est vers le sommet de

Betrokolo. Au niveau d'un Abribus, suivre à gauche une petite route cimentée qui descend vers un deuxième quartier que l'on traverse. Après la dernière maison, suivre à gauche la piste qui monte au nord-est dans les pâturages. Franchir une barrière métallique et continuer sur une piste entre deux clôtures. Franchir une deuxième barrière, sur la droite, pour accéder au sommet de Betrokolo où se trouve une niche métallique.

Du sommet, longer la clôture à l'est, dans l'axe de Bermeo. On la franchit dans un angle par une petite échelle. Continuer dans cette direction parmi les fougères. On rejoint rapidement une piste que l'on suit, en crête, jusqu'à un bosquet de pins. La piste longe une maison en ruines, repart en direction de Bermeo, décrit un grand virage sur la droite et redescend vers deux fermes en ruines, face à la jetée de Bermeo.

Suivre alors à droite une piste empierrée. On la quitte alors qu'elle tourne à gauche pour prendre en face un chemin herbeux qui passe au-dessus de plusieurs propriétés, dont l'une possède un fronton. On arrive sur une petite route cimentée qui fait un lacet et rejoint la C-6315 que l'on suit à droite jusqu'à Mundaka. Prendre la rue de gauche qui passe au-dessus de la voie ferrée et rejoint le centre ville.

Suivre alors la deuxième rue à gauche pour rejoindre le port et la voiture.

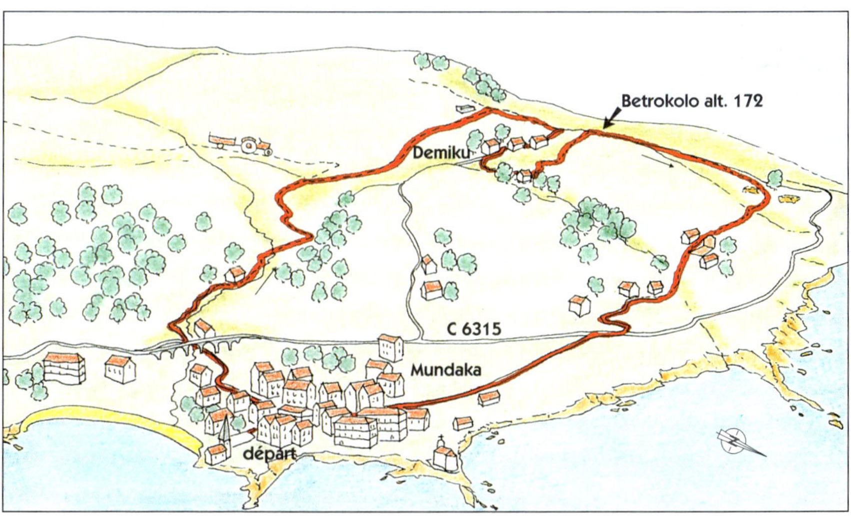

ARITZACUN

LE VILLAGE OUBLIÉ

39

Dénivelée : 140 m
Altitude max. : 320 m
Horaire : 2 h 30
Carte : IGN Série bleue 1/25 000 1345 ouest Cambo-les-Bains
Difficulté : **

Passé quelques dernières fermes dans la cour desquelles des cochons tachés de noir comme des dalmatiens et couverts de boue dorment empilés les uns sur les autres, la piste part au pied des murailles roses d'Ichusi. Certains pitons, certains éperons se découpent si délicatement dans le ciel qu'ils semblent moins naturels que finement sculptés par l'homme. L'image des temples d'Angkor, envahis par la végétation, vous traverse même brièvement l'esprit. Les vautours trouvent dans ces falaises les niches et les recoins qu'ils affectionnent. S'ils se confondent souvent avec la paroi, vous les verrez par contre tournoyer au-dessus de vos têtes. La piste longe un joli torrent bouillonnant où de nombreux cincles se reposent sur les rochers entre deux plongeons. Bâties avec de gros blocs de grès rose ou rouge, les bordes* sont parfaitement camouflées dans ce paysage minéral. Elles annoncent le village d'Aritzacun, mélancolique comme tous les villages abandonnés mais aussi diablement attachant avec ses vieilles maisons et son petit fronton tout cabossé où le rebond des balles est imprévisible. Sur de grandes pelouses, des familles de vacanciers, qui semblent avoir investi les maisons délaissées, jouent à la pelote, font cuire des grillades et pique-niquent sous les arbres. Quelques enfants se baignent dans un bassin aménagé au bord du torrent où l'on devait autrefois laver le linge. Les autres pourront arpenter la montagne en retournant les cailloux car, si vous promettez de garder la tête froide, on peut bien vous confier un secret : on a trouvé de l'or autrefois dans la vallée d'Aritzacun...

ACCÈS

De Bayonne, prendre au sud-est la D 932 puis la D 918 en direction de Saint-Jean-Pied-de-Port. Tourner à droite en direction de Bidarray, franchir aussitôt le pont sur la Nive au bout duquel on tourne à droite. Franchir une petite passerelle et tourner à gauche. Continuer le long du torrent et franchir le pont d'Enfer. À la patte d'oie suivante, prendre la route qui monte à gauche et laisser la voiture sur le parking à son extrémité.

ITINÉRAIRE

Suivre la petite route goudronnée qui descend vers une ferme à droite. Une piste gravillonnée lui succède. Franchir un petit pont. C'est à ce niveau que l'on passe en Espagne. On arrive bientôt à la célèbre venta* Sumusa. Continuer sur la piste qui longe bientôt un enclos de pierre et un bosquet de chênes. Franchir un deuxième pont. La piste s'infléchit sur la gauche. Passer sous deux petites bergeries de grès rose. Continuer le long du torrent. Laisser une piste à droite et en traverser une autre. Passer au-dessus d'une ferme. Laisser une nouvelle piste à droite et continuer à l'ouest. Descendre vers le

La « piscine » d'Aritzacun

ruisseau à l'aplomb d'un pylône électrique. La piste enjambe le torrent. On découvre peu après à droite les premières maisons d'Aritzacun. On longe le centre du hameau que l'on va rejoindre en suivant, 100 m plus loin, à droite, une piste qui traverse le torrent.

Continuer à droite jusqu'au groupe de maisons central et à l'ancien petit fronton près desquels une halte sieste ou un pique-nique s'imposent.

Suivre ensuite le chemin qui passe à gauche du fronton. Quelques centaines de mètres plus loin, on manque de rejoindre la piste de la montée mais l'on continue tout droit le long d'une murette de pierres. C'est un joli chemin, frais et ombragé, qui permettait d'accéder autrefois à Aritzacun, avant que la piste ne soit tracée.

On longe des champs bordés de petites murettes de pierres sèches. À l'embranchement suivant, prendre le chemin de droite qui descend vers le torrent. On rejoint une piste que l'on suit à gauche.

Elle contourne un champ et franchit un ruisseau sur un pont de troncs d'arbres. Prendre à droite aussitôt après. Le ruisseau se jette dans le torrent d'Aritzacun à l'aplomb d'une ferme. On rejoint un petit pont de pierre que l'on franchit pour retrouver la piste et l'itinéraire de la montée.

(L'ancien chemin poursuit sa descente en longeant le torrent par la droite mais certains passages au sommet des falaises sont trop aériens et trop broussailleux pour s'y aventurer avec des enfants. Mieux vaut redescendre par la piste.)

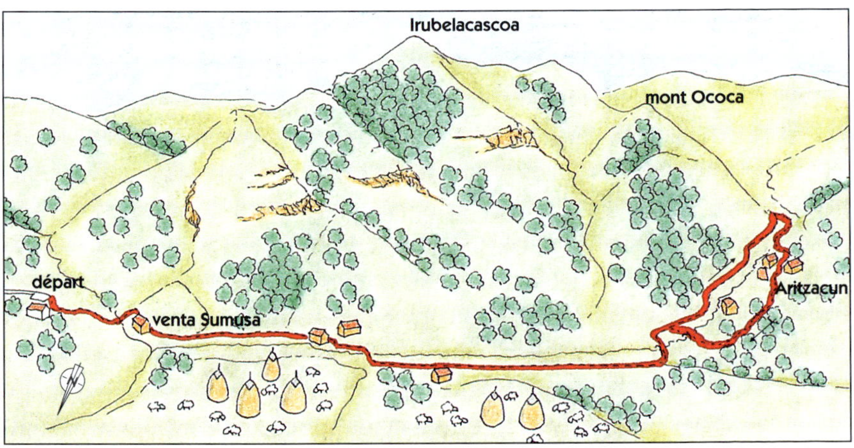

LE MOULIN D'ENFER

AU FIL DU TORRENT

40

Dénivelée : 70 m
Altitude max. : 400 m
Horaire : 1 h 00
Difficulté : *

Voici une balade tranquille dans une petite vallée sombre et étroite qui n'a pas volé son nom de vallée d'Enfer mais où il fait bon s'abriter des grosses chaleurs de l'été. Le chemin se faufile le long du torrent où l'on peut s'amuser à compter les truites qui attendent leur casse-croûte en rang d'oignon au pied d'une cascatelle.

Mais le clou du spectacle, c'est ce petit moulin de bois qui tient en équilibre sur quelques poutres jetées en travers du torrent alors que ce dernier s'engage dans une petite gorge et jaillit en une jolie cascade parmi les mousses et les fougères. On reste admiratif devant l'habileté de ceux qui, dans cette vallée perdue, ont construit ce joli moulin en équilibre précaire mais on est un peu désolé que rien ne soit fait pour empêcher la lente destruction de ce « monument historique ». Après tout, ne dit-on pas que ce moulin fut utilisé pendant les guerres carlistes pour approvisionner en farine les troupes stationnées sur les hauteurs voisines...

ACCÈS

D'Ainhoa, prendre au sud la D 20, passer en Espagne et prendre à gauche, à l'embranchement suivant, la N-121 qui

Les belles fermes d'Etxalar

parvient, 10 km plus loin, au grand parking du puerto de Otsondo. Du col, prendre la première à droite en direction d'Orabidea. La route descend dans le creux du vallon puis remonte sur la hauteur. Laisser à droite la route d'Etxalar et de Zugarramurdi. On atteint un col au kilomètre 19. Continuer sur la route goudronnée qui traverse une première ferme et en longe une autre par la gauche. Prendre à droite, à l'embranchement suivant, la direction d'Etxebertzekoborda. La route descend raide et conduit à la borde* où vous trouverez un fronton et un petit parking.

ITINÉRAIRE

Du parking, franchir le portail et contourner la borde par la gauche (un premier panneau « Errota/Molino » indique la direction du moulin ; d'autres suivront tout au long de la balade). On suit un large chemin qui longe le torrent par la droite. Un ruisselet arrive de la droite. On le franchit sur un pont en rondins et l'on continue sur le sentier qui désormais s'élève au-dessus du torrent. À la fourche suivante, suivre le petit sentier qui descend à gauche, poursuit en balcon et rejoint le torrent. Un deuxième ruisselet nous arrive de la droite et on le franchit. On rejoint ensuite une fourche où l'on suit le chemin du bas qui nous mène au moulin. Attention ! On touche avec les yeux. L'édifice est plus que branlant et visiter l'intérieur serait trop risqué ! Il faut cependant, en restant prudent, descendre jusqu'à la petite passerelle, qui permet d'ouvrir une vanne d'irrigation, pour profiter du spectacle. Suivre le même itinéraire au retour.

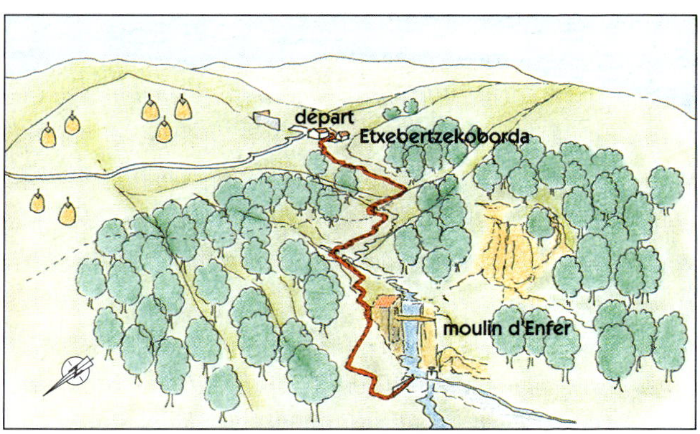

LE DOMAINE DE BÉRTIZ

UN PALAIS DANS LA MONTAGNE

41

Dénivelée : 20 m
Altitude max. : 180 m
Horaire : 1 h 30
Carte : carte militaire 25-6 (90) 1/50 000 Sumbilla
Difficulté : *

Culot, désir d'originalité, amour du pays ? C'est probablement un peu de tout cela qui a poussé Don Pedro Ciga Mayo à acheter, en 1898, une propriété dans le nord de la Navarre, à une époque où la bonne société cherchait surtout à être vue à Biarritz ou Saint-Sébastien ! Il faut avouer que la Seigneurie de Bértiz, dont l'existence remonte à 1392, ne manquait pas de charme avec ses 2 000 hectares d'une forêt qui abrite sangliers, renards et chevreuils et ses torrents dévalant en cascades vers la Bidassoa où truites et jeunes saumons coulent des jours heureux. Avocat polyglotte et grand voyageur, l'envie vint naturellement à Pedro Ciga de donner à une partie de ce vaste parc une atmosphère plus sophistiquée, plus exotique. Ainsi, la maison de maître, large et massive, fut flanquée d'un pavillon chinois, d'un bassin avec nénuphars, fontaine et chérubin et d'une chapelle à la marquise art déco aussi inattendue que séduisante.

Les belles marquises du palais de Bértiz

On planta tout autour bambous, ginkgos, camélias et kakis, tous originaires de Chine ou du Japon alors que les rhododendrons et les azalées furent importés du Moyen-Orient. D'Amérique, on fit venir les araucarias, les cyprès chauves, les séquoias, les liquidambars et les tulipiers de Virginie. C'est dans ce jardin botanique délicieusement dépaysant que nous vous proposons de vous promener maintenant. Ici, rien n'a changé. En 1949, Don Pedro légua son domaine au gouvernement de Navarre à la condition expresse qu'il soit entretenu et préservé en l'état. Son souhait est aujourd'hui exaucé et le domaine de Bértiz est, depuis 1984, un parc naturel ouvert à tous, gratuitement. Les jardins se visitent de 9 h à 14 h et de 16 h à 18 h en hiver (20 h en été). Quant au parc, il reste ouvert en continu de 9 h à 18 h en hiver (20 h en été).

ACCÈS

D'Ainhoa, prendre la D 4 et passer la frontière à Dancharia. Continuer sur la N 121B, en direction de Pampelune, sur une trentaine de kilomètres. À la sortie d'Oronoz-Mugaire, au moment d'arriver sur la N 121A, on pénètre à droite dans le domaine de Bértiz, signalé par de larges panneaux orange. Traverser le pont sur la Bidassoa et laisser la voiture, à gauche, sur le parking des visiteurs.

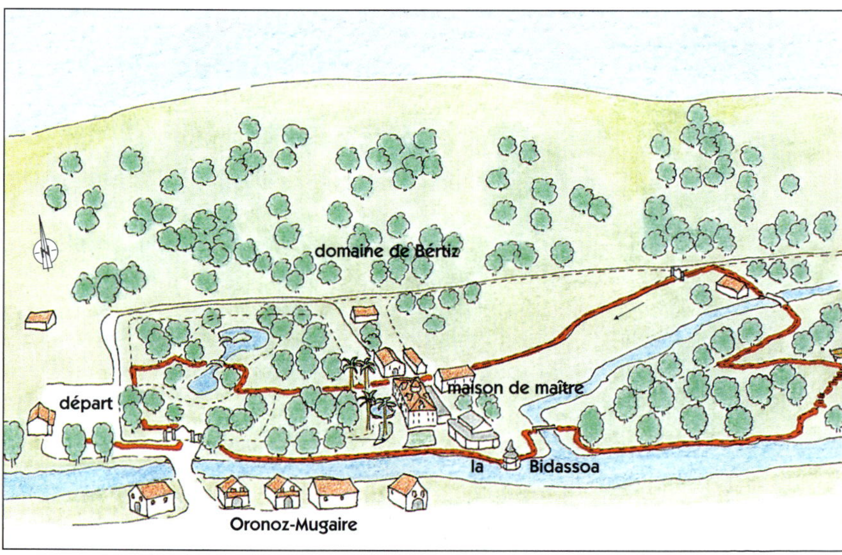

La palmeraie de Bértiz

ITINÉRAIRE

Pénétrer dans le domaine par le portail principal, face au pont sur la Bidassoa.
Descendre immédiatement à droite par un petit escalier.
Le chemin part le long de la grille qui sépare les jardins de la rivière, fait une halte au pavillon chinois et traverse un ruisseau sur un petit pont au niveau d'une bambouseraie.
Continuer le long de la rivière jusqu'à de petits escaliers qui montent assez raide le long de la clôture délimitant l'extrémité sud-est du domaine.
On passe à gauche d'un petit cabanon avant de descendre par une large allée bordée de buis et de cyprès.
Prendre ensuite la piste qui part sur la droite puis, 50 m plus loin, un sentier sur la gauche qui longe un petit ruisseau parmi un fouillis de bambous et palmiers. Il débouche sur une piste que l'on suit brièvement à gauche jusqu'à un pont que l'on franchit. Le chemin s'infléchit sur la gauche, passe à la ferme Otsobidea et débouche sur une allée, à l'extrémité nord-est du jardin. Passer le portail, à gauche, et poursuivre jusqu'au centre d'interprétation. C'est un endroit formidable pour les enfants !
De nombreuses bornes interactives, plus inventives les unes que les autres, permettent de tout savoir sur les animaux qu'abritent la forêt, le sous-sol et les cours d'eau de Bértiz.
À la sortie, il vous reste à découvrir la maison de maître, la fontaine, la chapelle, le petit étang avant de rejoindre, au sud, le portail d'entrée.

LA VALLÉE DU BAZTAN

DE FERMES EN PALAIS

42

Dénivelée : 620 m
Altitude max. : 620 m
Horaire : 4 h
Carte : carte militaire 25-6 (90) 1/50 000 Sumbilla
Difficulté : ***

Au Moyen Âge, nombreux furent les pèlerins de Compostelle qui choisirent la vallée du Baztan pour franchir plus aisément les Pyrénées. Ils devaient déjà apprécier ce que la vallée offre aujourd'hui au visiteur : de verts paysages modelés par le pastoralisme et l'agriculture, de petits bijoux d'architecture traditionnelle et un patrimoine gastronomique à se mettre à genoux ou, mieux, à table !
Nous vous emmenons à la découverte des villes et villages du Baztan. Les fermes y sont de grande taille et leur façade arbore souvent un blason, du plus simple au plus ornementé, un privilège qui n'était pas réservé aux nobles. Les bordes*, aux proportions plus modestes, ont été construites pierre par pierre, comme les murettes qui délimitent les enclos. Toujours pleines de charme, elles semblent aussi fragiles qu'intemporelles.
À Arraioz, vous découvrirez les superbes palais Jauregizar et Zubiria ainsi que le vieux palais Jauregia de Vicuña, près de

Les collines de Navarre

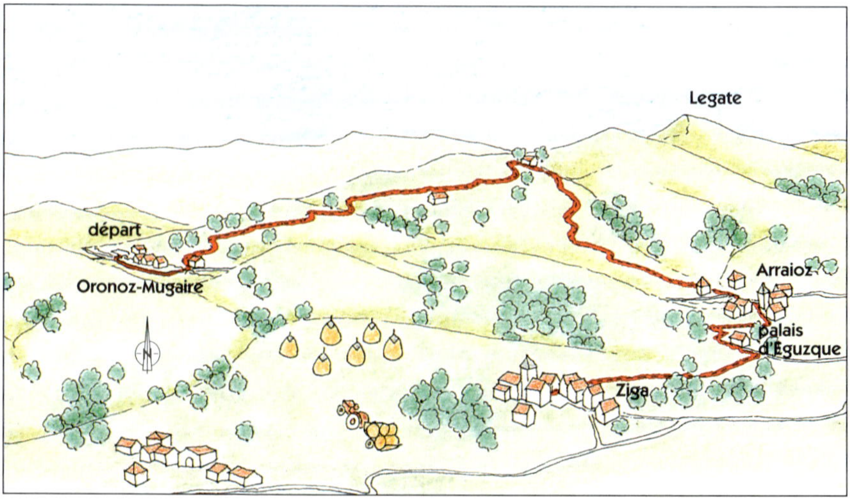

l'église. Le terme de « palais » est un peu trompeur puisqu'il désigne ici d'anciennes maisons fortes.
Entre le XIIIe et le XVe siècle, les familles nobles ne cessèrent de se livrer combat et leurs maisons, des fermes avec étable au rez-de-chaussée et quartiers d'habitation à l'étage, étaient fortifiées. Puis la région connut des temps moins troublés et, jusqu'au XVIIIe siècle, on transforma ces maisons fortes en palais : leurs tours devinrent des greniers ou des pigeonniers et leurs échauguettes, des éléments décoratifs...
Enfin, le palais Eguzque, tout fleuri d'hortensias et de cannas, vous étonnera, tout perdu qu'il est, en rase campagne, avant de rejoindre l'adorable village de Ziga.

ACCÈS

Cet itinéraire se fait à deux voitures.
D'Ainhoa, prendre la D 4 et passer la frontière à Dancharia.
Suivre la N 121B, en direction de Pampelune, sur une trentaine de kilomètres.
À la sortie d'Irurita, prendre à gauche la petite route qui mène, environ 5 km plus loin, à Ziga où vous laisserez votre première voiture.
Reprendre ensuite la N 121B. À la sortie d'Oronoz-Mugaire, au lieu de rejoindre la N 121A, entrer à droite dans le domaine de Bértiz, signalé par de larges panneaux orange.

Traverser le pont sur la Bidassoa et laisser la voiture sur le parking des visiteurs à gauche.

ITINÉRAIRE

Franchir à nouveau le pont sur la Bidassoa et tourner à gauche sur la N 121B en direction d'Elizondo. Traverser le village et franchir le pont sur le Baztan.

Le sentier, balisé dans sa totalité en blanc et jaune, part à gauche de la maison juste après le pont, en direction du col d'Urrizka. Franchir rapidement une barrière et continuer à monter tout droit, sur un large sentier.

On traverse un bosquet de chênes avant de passer à gauche d'une ferme.

Le chemin débouche sur une petite route que l'on suit à gauche. On arrive au niveau d'une ferme dans un virage. Prendre ensuite à gauche un petit sentier (un panonceau annonce « dolmen »). Longer un champ de maïs et une petite murette qu'on laisse rapidement à droite pour monter tout droit. On rejoint une piste que l'on suit à gauche jusqu'à une jolie ferme. Tourner à gauche sur la piste gravillonnée où vous aurez de belles vues sur la vallée du Baztan.

Prendre le petit chemin qui part à gauche en direction du dolmen Mairu Harri. Veiller, à ce niveau, à ne pas emprunter le chemin le plus large et le plus à gauche mais bien celui qui longe le talus au niveau d'une souche

L'imprenable palais Zubiria

d'arbre foudroyé. On rejoint une piste pavée que l'on traverse.

À la patte d'oie suivante, prendre le sentier de droite jusqu'à une piste que l'on suit à gauche en direction du dolmen de Mairu Harri et d'Arraioz. (On peut faire une incursion à droite pour voir les dolmen - peu spectaculaires - d'Urriki Sortaldea et Mendebaldea (âge du bronze : 2 650 à 800 av. J.-C.). On les trouve 20 m après une borde). Sinon, la piste passe à gauche d'une jolie borde* avant de rejoindre une route goudronnée que l'on traverse en direction d'Urrizka.

Blason d'une maison forte du Baztan

On arrive à une bergerie dans un bosquet de chênes. La piste s'infléchit sur la droite et nous amène aussitôt au col d'Urrizka.

Du col, un panonceau indique la direction du dolmen de Mairu Harri (âge du bronze : 2 650 à 800 av. J.-C.). On y parvient en suivant pendant deux minutes une sente qui se faufile parmi les ajoncs. Reprendre ensuite la descente en direction d'Arraioz. Prendre à droite à la patte d'oie suivante. Passer à droite d'une belle borde* avant de découvrir de belles vues sur la vallée et ses villages blancs et rouges.

On débouche sur une piste plus large que l'on suit à droite. Traverser une route goudronnée pour continuer tout droit sur une piste gravillonnée. Tourner à gauche, juste avant une ferme. On retrouve la piste gravillonnée que l'on traverse avant de replonger aussitôt à gauche dans les fougères. Traverser la piste une nouvelle fois. Prendre en face un large chemin herbeux. On passe à gauche d'une ferme aux volets verts puis à droite d'une bergerie. Dans un bosquet de chênes, traverser une première piste puis, juste avant une deuxième piste, suivre le sentier qui part à gauche dans les fougères. Longer une bergerie par la gauche, traverser une piste gravillonnée que l'on retrouve plus bas pour la suivre à gauche en direction d'Arraioz.

La piste passe à droite d'une ferme. On la quitte lorsqu'elle part à droite vers le village pour continuer tout droit sur un chemin entre deux murettes. On longe le beau palais Jauregizar par la droite avant de déboucher sur une piste gravillonnée que l'on suit à droite. Le palais Zubiria est à gauche. Franchir le pont et continuer tout droit en direction

du village. On passe à droite du palais Jauregia de Vicuña, puis de l'église avant de rejoindre une petite route que l'on suit à droite. Tourner à gauche au niveau d'une maison aux volets verts. À l'embranchement suivant, prendre également à gauche la piste qui part entre deux murettes. On rejoint un cours d'eau. Le chemin part dans les bois et vient buter sur une haie que l'on va longer à gauche. Bien suivre les balises sur les arbres car le chemin se perd.
Au sommet de la colline, on emprunte une allée de chênes avant de franchir une clôture au niveau d'une bergerie.
On découvre rapidement, sur notre droite, le palais d'Eguzque. Suivre l'allée de platanes puis prendre la piste qui part à droite en direction de Ziga que l'on voit sur la hauteur. La piste s'infléchit sur la droite et passe devant une ferme du Barrio de Eguzque. Quelques mètres plus loin, laisser deux pistes à droite pour suivre tout droit le chemin mal tracé qui monte le long d'une haie. Après avoir franchi une barrière en bois, on rejoint une piste que l'on suit tout droit avant de buter sur une clôture en bois. Franchir cette dernière et traverser le champ. À l'autre bout, tourner à gauche et suivre la clôture.
La piste vous mène au joli village de Ziga et à la voiture.

La vallée du Baztan à l'automne

PÈLERINAGE À RONCEVAUX

DE ROLAND À SAINT-JACQUES

43

Dénivelée : 450 m
Altitude max. : 1 400 m
Horaire : 2 h 30
Carte : Alpina 1/40 000 Roncesvalles
Difficulté : **

Tous les enfants le savent : c'est à Roncevaux, en 778, que l'arrière-garde de l'armée de Charlemagne fut attaquée par les Sarrasins au col d'Ibañeta et Roland, le neveu de Charlemagne, périt dans la bataille. Même si les historiens s'accordent à dire que les Sarrasins furent sacrément aidés par les montagnards basques ce jour-là, même s'ils pensent, aujourd'hui, que la bataille eut plutôt lieu près du pic de Leïzar Atheka, sur les hauteurs de Saint-Jean-Pied-de-Port, la légende rendit le nom de Roncevaux célèbre au-delà de toute espérance. En 1132, une collégiale y fut construite pour fournir une aide spirituelle et matérielle aux nombreux pèlerins en route pour Compostelle qui franchissaient les Pyrénées au col d'Ibañeta. Sur le GR* 65 nous ferons un petit morceau de leur longue route. Prenez le temps de visiter ensuite l'église Santa-Maria de Roncesvalles, de style gothique français, et son cloître du XVIIe siècle, mais aussi les chapelles du Saint-Esprit et de Saint-Jacques et le musée d'Art sacré où vous admirerez le très bel échiquier de Charlemagne.

La chapelle du Saint-Esprit et la chapelle Saint-Jacques

ACCÈS

De Bayonne, prendre la D 932 vers Cambo et continuer sur la D 918 jusqu'à Saint-Jean-Pied-de-Port. À l'entrée de la ville, prendre à droite la D 933 en direction d'Arnéguy. Passer la frontière et suivre la N 135 vers Pampelune. Après Valcarlos et le col d'Ibañeta, on arrive à Roncevaux où on laisse la voiture.

ITINÉRAIRE

Suivre la piste gravillonnée qui part derrière la petite chapelle de Saint-Jacques. Elle descend rapidement à droite, franchit le torrent en suivant les balises rouges et blanches d'une variante du GR 65 et monte dans la forêt. Continuer tout droit au premier embranchement et à la patte d'oie suivante.

La maison du prieur, la bibliothèque et le musée de Roncevaux

Prenez à gauche au prochain carrefour. La piste se redresse et un sentier lui succède. Traverser un replat et continuer sur la crête herbeuse en suivant bien le balisage. On attaque ensuite la dernière montée par un grand lacet et une longue traversée. Repartir en lacets sur la crête arrondie qui se fait de plus en plus raide. On revient sous les arbres pour remonter une pente très raide jusqu'à une petite route que l'on suit à gauche en descendant. Dans un virage à droite, suivre à droite la piste qui longe la route. On rejoint cette dernière en contrebas et on la suit à droite en contournant un mamelon. Dans un virage sur la gauche, au niveau d'un petit col, continuer tout droit sur un petit sentier. On retrouve la version principale du GR 65, également balisée de rouge et blanc. On rejoint la route que l'on suit jusqu'au col d'Ibañeta, où vous trouverez une chapelle et le monument dédié à Roland. Du col, suivre le sentier balisé qui longe la route par la gauche et entre dans une hêtraie. Dans le creux de la vallée, on rencontre une piste que l'on suit à droite, vers Roncevaux. On retrouve l'itinéraire de l'aller derrière la collégiale.

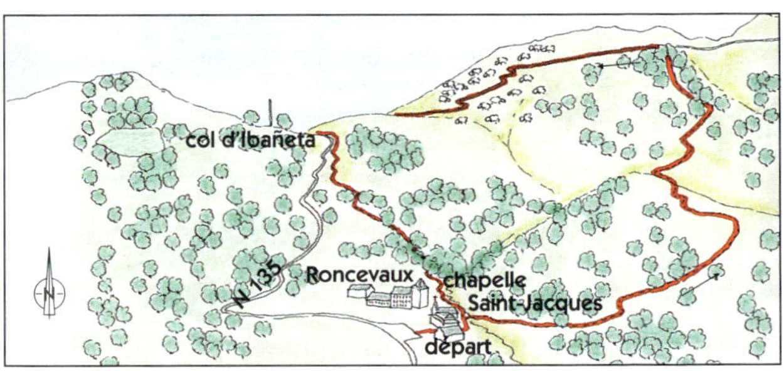

LE LAC D'IRABIA

L'OASIS TURQUOISE

44

Dénivelée : 40 m
Altitude max. : 840 m
Horaire : 2 h 30
Carte : Alpina 1/40 000 Roncesvalles
Difficulté : *

Après des kilomètres de collines lunaires et belles, domaine des moutons et des vautours, la forêt d'Irati, une des plus grandes hêtraies-sapinières d'Europe, semble, ici, redoubler de luxuriance. Limite naturelle entre la France et l'Espagne, le ruisseau d'Egurguy, jeune et fringuant comme les truites qui s'y cachent, nous guide rapidement sous le couvert des arbres.

Sapin pectiné

Même au cœur de l'été, la lumière peine pour se frayer un chemin parmi les troncs serrés mais, bien vite, on découvre le lac d'Irabia, véritable miroir turquoise qui inonde le paysage de lumière et de reflets bleus.

Un craquement de branche dans le sous-bois, une trace de pas dans la boue durcie du chemin nous rappellent qu'Irati abrite chats sauvages, blaireaux, renards, sangliers, chevreuils et même des cerfs, réintroduits en 1957. Les enfants qui n'ont pas les yeux dans leur poche verront peut-être le rare pic à dos blanc.

Les eaux bleutées d'Irabia

Vol de pic à dos blanc

On ne le trouve nulle part en Europe occidentale, à l'exception de quelques refuges pyrénéens comme Irati.

ACCÈS

De Saint-Jean-Pied-de-Port, prendre la D 953 vers Saint-Palais. À Saint-Jean-le-vieux, suivre à droite la D 18 en direction d'Irati. Entre le petit lac et le chalet Pedro, suivre à droite la D 301 qui passe au col de Sourzay et descend vers le col d'Irau. Juste avant ce col, suivre à gauche une petite route goudronnée qui descend au cayolar* Nekez Eguina. Continuer au sud sur une piste caillouteuse qui mène en moins de 2 km à une aire de stationnement où vous laisserez la voiture.

Un asphodèle en fleur

ITINÉRAIRE

Du parking, traverser un petit torrent à gué puis laisser à droite le pont sur l'Egurguy pour suivre la piste qui part, à gauche, en direction des « Casas de Irati ». On contourne par la gauche l'embalse de Irabia que l'on voit à travers un rideau d'arbres. De nombreux petits sentiers permettent de descendre au bord de l'eau. Environ 1 h plus tard, la piste passe à gauche d'une maison blanche aux volets verts. C'est la casa Berzal. On franchit ensuite un premier pont. Puis, juste avant un deuxième pont, une clairière agréable vous attend sur la gauche pour une halte ou un pique-nique parmi les digitales et les fougères.
Le retour se fait par le même chemin.

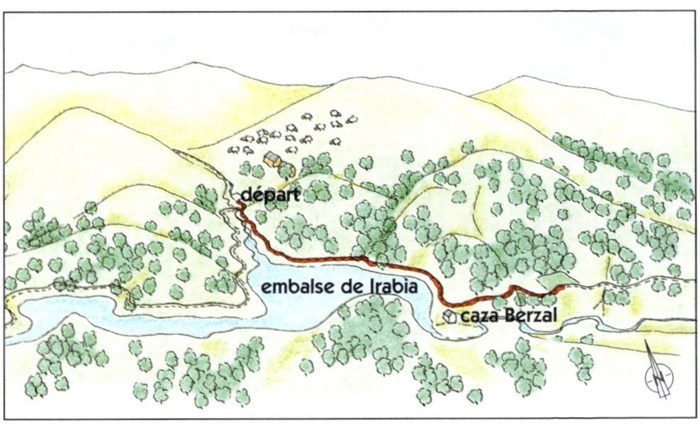

LES SALINES D'AÑANA

LES MIROIRS DU CIEL

45

Dénivelée : 20 m
Altitude max. : 566 m
Horaire : 1 h 00
Difficulté : *

Voici une balade pas comme les autres. Ce n'est pas tous les jours, en effet, que l'on se promène dans des salines. C'est comme un immense jeu de construction et d'équilibre à la fois. Au fil des siècles, les hommes ont installé dans le moindre recoin de ce ravin des centaines de bacs d'évaporation étayés par des murettes ou de simples pilotis. Cela ressemble à une médina. Un enchevêtrement de terrasses blanches, grises, bleues, selon la couleur du ciel qui s'y reflète. Des petits passages aériens permettent aux travailleurs du sel de se faufiler entre les bacs. Comme tous ceux qui les ont précédés depuis le IIe siècle de notre ère, ils accomplissent un véritable travail de fourmi. L'eau des sources salines voisines doit tout d'abord être acheminée par de petits conduits de bois jusqu'aux bacs où elle est soigneusement répartie. Le sel est récolté de mai à septembre quand la chaleur sèche active l'évaporation. Il faut environ trois litres d'eau pour produire un kilo de sel. Les cristaux de gros sel

La délicate architecture des salines

sont alors mis en tas au râteau, chargés dans des brouettes et acheminés, par des voies souvent acrobatiques, jusqu'au village où ils seront conditionnés. Venez à Salinas un jour de grand beau temps. Malgré la chaleur accablante, c'est une vraie merveille de voir toutes ces terrasses briller, scintiller sous le soleil, comme si elles étaient remplies, non plus de gros sel, mais de diamants.

ACCÈS

À Bilbao, prendre l'autoroute A-68 en direction de Logroño. Sortir 55 km plus loin en direction de Póbes. Tourner à droite après le péage, puis aussitôt à gauche, toujours vers Póbes. Franchir ensuite, à droite, le rio Bayas et la voie ferrée Bilbao-Miranda. Traverser Póbes puis Paul. On arrive, 8 km plus loin, à Salinas de Añana. Laisser la voiture sur la gauche, juste avant d'entrer dans le village.

Les terrasses de sel brillent au soleil

ITINÉRAIRE

Prendre à ce niveau la petite route du monastère de San Juan de Acre. On la quitte, 100 m après un pont, pour suivre une piste (le camino Valdelagos) qui part à droite le long d'un grand hangar blanc et longe les salines par la gauche.
Laisser un sentier à gauche et continuer sur cette piste herbeuse. Prendre ensuite à droite un petit sentier qui passe quelques instants en balcon au-dessus des salines et offre de belles vues d'ensemble avant de revenir sur la piste.
Un balisage blanc et rouge apparaît à l'extrémité des salines. Continuer sur la piste. Elle traverse le ruisseau qui alimente les salines sur plusieurs niveaux, puis remonte sur le versant opposé. On atteint un coin d'herbe ombragé, propice au pique-nique, à la rencontre de plusieurs pistes. Ne prenez pas la piste qui descend vers les terrasses des salines : elles sont plus ou moins branlantes et il faut éviter de déranger les gens qui y travaillent. Continuez plutôt à la même hauteur sur la piste balisée puis prenez rapidement à gauche une autre piste qui descend vers l'église du village. Quand elle s'interrompt, continuez en direction de l'église en suivant les balises à travers une pente herbeuse.
Franchir le ruisseau à gué, passer derrière l'église. On la contourne pour rejoindre la route que l'on suit à droite jusqu'à la voiture.

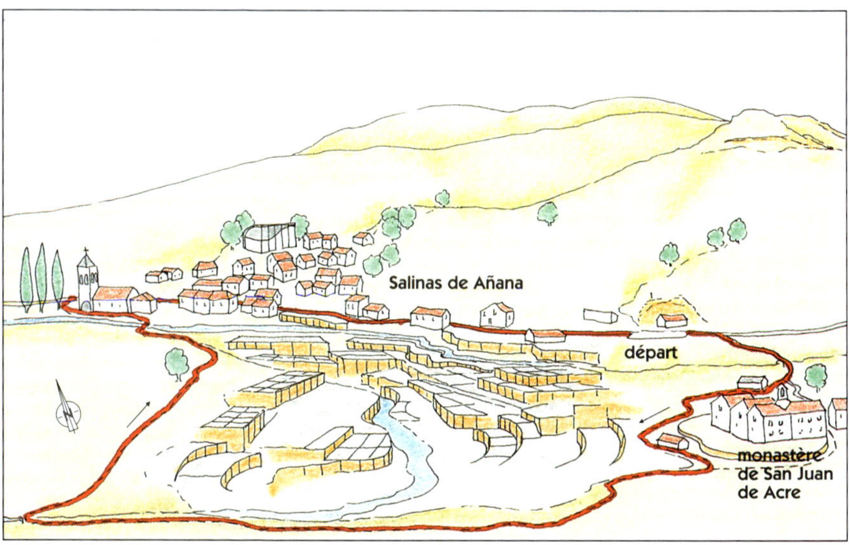

LES SOURCES DU RÍO UREDERRA

DANS LA SIERRA DE URBASA

46

Dénivelée : 95 m
Altitude max. : 710 m
Horaire : 2 h 15
Difficulté : *

La Sierra de Urbasa forme un vaste ensemble calcaire où les eaux s'infiltrent, creusant toutes sortes de grottes et de failles avant de rejaillir au pied de la montagne dans la réserve naturelle d'Urederra. Un grand cirque en fer à cheval barre le fond de cette vallée champêtre. Au pied de ces hautes parois sévères, un peu oppressantes, gazouillent, mutines, des dizaines de petites sources. Vert menthe à l'eau parmi les mousses, à leur naissance, elles ont tôt fait de virer au turquoise, sombre ou lumineux, limpide ou laiteux. Elles s'enhardissent, bondissant en cascades, creusant des marmites et des piscines dentelées de fins dépôts calciques. Le río Urederra commence ici une longue vie qui se terminera, via l'Ega et l'Ebre, dans la Méditerranée.

ACCÈS

Du centre de Pampelune/Iruñea, rejoindre à l'ouest la N-240A que l'on suit vers Vitoria/Gazteiz. On la quitte environ 45 km plus loin pour prendre à droite la direction d'Olazti. Entrer dans le village et suivre aussitôt à gauche la NA-7182 vers Estella et Urbasa. On débouche sur la hauteur sur un grand plateau calcaire que l'on traverse jusqu'au col d'Urbasa

L'imposant cirque d'Urbasa

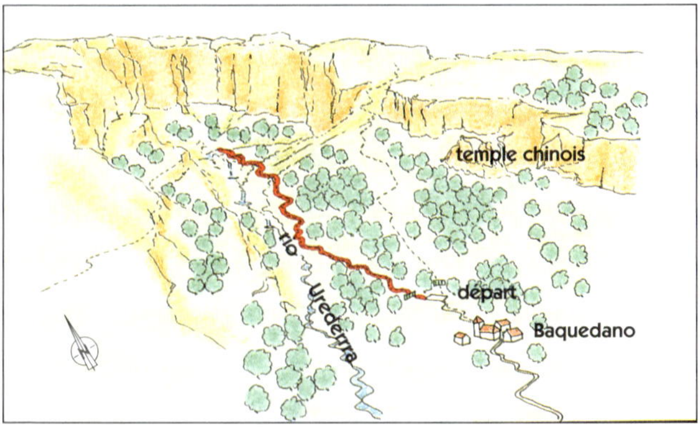

(927 m) où l'on trouve plusieurs enclos à bétail. On atteint peu après une aire de stationnement (aparcadero) sur la gauche d'où vous pourrez aller jeter un coup d'œil sur le cirque au fond duquel se déroule cette balade. Nous sommes ici sur sa bordure supérieure : la vue est grandiose mais tenez la main des enfants ! Reprendre ensuite la route qui descend en direction d'Estella. Dans Barindano, prendre à gauche la direction de Baquedano, point de départ de cette randonnée. Du centre du village, rejoindre le parking (aparcamiento) où vous laisserez la voiture sous les arbres.

ITINÉRAIRE

Continuer sur le large chemin qui part vers le fond du cirque. On franchit rapidement une clôture et l'on entre dans la réserve. Remarquez sur la hauteur à droite des rochers ciselés qui portent bien leur nom de « temple chinois ». Prendre à droite, en montant, à la fourche suivante. On progresse agréablement sous les chênes verts et l'on suit le chemin principal qui longe le torrent par la droite mais à une certaine distance. (Baignade et canyoning sont interdits dans la réserve. N'hésitez pas, cependant, à faire quelques incursions au bord de l'eau. Il n'y a pas de danger à condition de ne pas laisser les enfants trop s'égayer dans la nature.) Le chemin commence à monter et se rétrécit. Il franchit le torrent par deux fois sur des petits ponts-canaux et conduit à la cascade finale et à un gros éboulis moussu au pied des parois rocheuses.
Suivre le même itinéraire au retour.

Une cascatelle dans la mousse

LES MONOLITHES DE CODÉS

LA TERRE DE FEU

47

Dénivelée : 230 m
Altitude max. : 850 m
Horaire : 1 h 30
Difficulté : *

Imaginez une enfilade d'énormes lames de roche rouge qui encadrent en dents de scie un luxuriant vallon de chênes verts. Elles composent un paysage si inhabituel au Pays basque que l'on est immédiatement dépaysé. On songe au Hoggar, à l'Utah... Aux calanques corses de Piana surtout, car le vallon est un véritable jardin méditerranéen de plantes aromatiques où, couché parmi la lavande, le thym et le romarin, vous rêverez avec insistance de gigot d'agneau aux herbes.
Mais méfiez-vous, car les aigles royaux qui vivent dans les parois voisines nourrissent peut-être des pensées semblables à votre égard !

En montant vers le vallon des Pénitents

ACCÈS

De Pampelune/Iruñea, prendre la N-111 en direction de Logroño. Traverser Estella, Los Arcos et, après le village de Sansol, prendre à droite la direction d'Aguilar de Codés. Traverser Espronceda, passez au pied de Torralba del Río et tourner à droite en direction d'Azuelo.
Laisser la voiture sur le bas-côté, avant d'entrer dans le village, au niveau du très beau monastère d'Azuelo.

ITINÉRAIRE

Dans le village, au premier embranchement, prendre à gauche la Calle Mayor. Tourner à droite à l'intersection suivante et monter dans le haut du village. Une piste succède à la rue.
Elle contourne une colline par la gauche, dévoilant au passage les murailles de Codés. Rester bien sur la piste principale.
Dépasser deux cabanes-prises d'eau avec une porte verte.
Au niveau d'une cabane en pierres sèches, on arrive à une patte d'oie où vous continuerez tout droit.
Passer à nouveau près de deux cabanes-prises d'eau, en restant bien sur la piste principale. On arrive, sur une esplanade, à une troisième prise d'eau, où vous suivrez la piste qui s'infléchit sur la droite en direction des monolithes.
Continuer tout droit, laisser une piste à gauche, puis une autre à droite au niveau d'une lame rocheuse triangulaire qui sert, à gauche, de portail d'entrée à ce vallon.
Les monolithes que l'on appelle les Deux Sœurs sont sur votre droite.
Suivre le même itinéraire au retour.

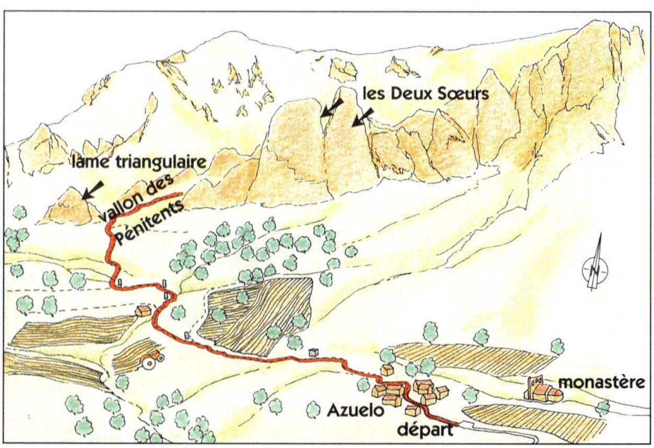

L'ERMITAGE DE MONJARDÍN

LA FORTERESSE DE L'EBRE

48

Dénivelée : 220 m
Altitude max. : 890 m
Horaire : 1 h 45
Difficulté : **

Villamayor de Monjardín était une étape importante sur la route de Compostelle. Il suffit pour s'en convaincre d'aller voir la fontaine médiévale, à l'entrée du village. C'est un petit bâtiment à pignon triangulaire où deux arceaux sont séparés par une colonne. À l'intérieur, un large escalier descend jusqu'à un bassin rempli d'eau où nagent quelques poissons. On n'a aucun mal à imaginer les pèlerins de Saint-Jacques venant ici se rafraîchir et se reposer sur ces marches. Construit sur les ruines d'une ancienne forteresse, l'ermitage de Monjardín est perché au-dessus de vos têtes sur d'énormes blocs de poudingue*. Propriété du Club montagnard d'Estella, il n'est pas ouvert au public mais on peut se consoler en profitant, à l'entour, de superbes vues sur l'ample vallée de l'Ebre. Tout un ensemble de terrasses crée une composition charmante où de petites vignes courtes sur pattes dominent les champs de blé et viennent se ranger sous les oliviers argentés. Partout le calcaire affleure à la surface des champs labourés en de larges auréoles pâles, créant des dégradés superbes entre le marron et le beige et modifiant le jeu des ombres et des lumières, à la façon des nuages qui survolent la plaine.

Balade parmi les chênes verts

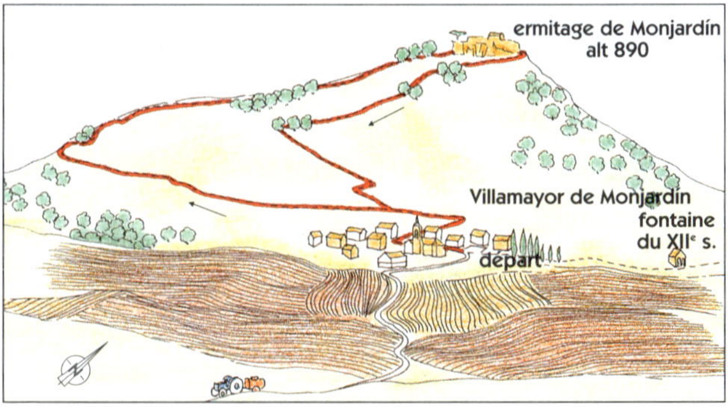

ACCÈS

De Pampelune/Iruñea, prendre la N-111 en direction de Logroño. Traverser Estella puis prendre à droite, une dizaine de kilomètres plus loin, la direction de Villamayor de Monjardín. À l'entrée du village, un panneau indique, à droite, le départ du chemin qui mène à la fontaine du XIIe siècle. Laisser la voiture à ce niveau.

ITINÉRAIRE

Allez tout d'abord découvrir la fontaine, puis reprenez la route, longez l'église et tournez à droite devant son portail. On rejoint une fontaine et un escalier en haut duquel se trouve une petite terrasse avec des balançoires et un fronton. On la traverse pour prendre, à l'opposé, une rue qui monte sur la gauche. Prendre à droite à l'embranchement suivant. On rejoint une ruelle cimentée que l'on suit à droite. Une piste lui succède et nous conduit, à gauche, jusqu'à l'ermitage.

On peut alors, soit redescendre par le même itinéraire, soit, plus varié mais moins facile, contourner la citadelle par la gauche. Au niveau d'un escalier, un sentier succède à la piste et descend parmi les chênes verts. Prendre à gauche à la fourche suivante. On rejoint, en contrebas, un sentier plus large que l'on suit à gauche pour retrouver la piste et l'itinéraire de l'aller.

Une citadelle méditerranéenne

LE MONASTÈRE DE LEYRE

VOYAGE DANS LE TEMPS

49

Dénivelée : 210 m
Altitude max. : 750 m
Horaire : 1 h 45
Difficulté : *

La légende raconte que San Virila, se promenant au pied de la montagne de Leyre, fut à ce point bercé par le chant d'un oiseau qu'il entra dans une profonde méditation et ne revint au monastère, à sa grande surprise, que 300 ans plus tard ! Le miracle n'est pas mince mais les voyages dans le temps ne sont pas rares aux abords de Leyre. Prenez la crypte, par exemple. Avec sa forêt d'énormes chapiteaux, elle vous transportera facilement neuf siècles en arrière. Autre trésor de Leyre, la porta speciosa de l'église San Salvador date, elle, du XIIe siècle. C'est un spectaculaire portail où se mêlent le Christ et ses saints, des feuilles et des fruits, des oiseaux et des lions dans cette exubérance joyeuse qui fait tout le charme de l'art roman. Tant d'opulence témoigne du grand rayonnement spirituel, politique et culturel de Leyre. Les rois de Navarre eux-mêmes s'y firent enterrer dès le IXe siècle. Le XIIIe siècle vit la fin de cette époque florissante et les choses allèrent en se dégradant jusqu'en 1836, date à laquelle l'abbaye fut abandonnée. Les pères bénédictins s'y sont installés en 1954 et font revivre le monastère. Ils s'y consacrent à la pratique du chant grégorien, à des recherches dans sa très riche bibliothèque mais aussi à divers travaux des champs... N'hésitez pas à goûter le miel et les fromages de l'abbaye !

La façade ouest du monastère

Les pinèdes sur les hauteurs de Yesa

ACCÈS

De Pampelune, prendre la N 240 en direction de Huesca. Passer à gauche du barrage de Yesa. Passer le kilomètre 51. Juste après un virage sur la gauche, une petite route interdite à la circulation monte à gauche vers le monastère. Laisser la voiture devant le portail, au départ de cette route, en veillant à ne pas gêner la circulation.

ITINÉRAIRE

L'un des moines de Leyre nous a donné l'autorisation d'emprunter cette petite route, en principe réservée aux fournisseurs et au personnel du monastère. Ce chemin des écoliers est en général peu passant (nous y avons croisé plus de lapins que de voitures !) mais ouvrez l'œil tout de même. Franchir le portail et suivre la route. La montagne de Leyre nous apparaît bientôt. On chemine entre une épaisse forêt de chênes verts, à gauche, et d'immenses prés où paissent tranquillement des dizaines de chevaux. La route continue de monter doucement face à la montagne. Le lac de Yesa, immense nappe d'eau turquoise, apparaît derrière nous. Prendre à droite à l'embranchement suivant. La route fait un lacet, passe en balcon au-dessus d'une ferme et entre, peu de temps après, dans l'enceinte du monastère. Suivre le même itinéraire au retour.

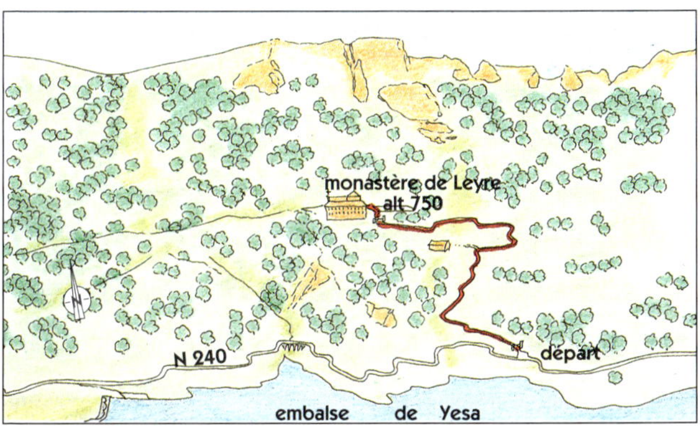

LE DESPOBLADO DE PEÑA

LA CITADELLE DU ROMARIN

50

Dénivelée : 335 m
Altitude max. : 840 m
Horaire : 2 h 00
Difficulté : **

Près de Sangüesa, après une longue marche parmi les chênes verts, le romarin, la lavande, on découvre, sur une immense dalle rocheuse fortement inclinée, Peña, un adorable petit village abandonné, entièrement livré aux abeilles et aux hirondelles. L'église, le presbytère et quelques maisons y sont encore en parfait état. Dans cette campagne écrasée de soleil, découvrir ce hameau loin de tout, imaginer la vie simple de ses habitants en déambulant dans ses ruelles envahies par les herbes a quelque chose de troublant et de profondément dépaysant. C'est une balade à faire aux heures fraîches de la journée lorsque les plantes, recouvrant leurs esprits, vous réserveront leurs plus belles senteurs.

ACCÈS

De Pampelune, prendre la N 240 en direction de Huesca. Après le kilomètre 40, suivre à droite la NA 127 vers Sangüesa. Traverser la ville et prendre la direction de Sos del Rey Católico et de Carcastillo. Au niveau d'un embranchement, 2 km plus loin, prendre à droite la direction de Peña et Carcastillo. Prendre à gauche, au carrefour suivant,

Peña sur un plateau

la route qui mène à Torre de Peña. Laissez la voiture sur la droite devant les panneaux indiquant que l'on entre dans une « finca particular » (propriété privée).

ITINÉRAIRE

L'accès du domaine est interdit aux voitures mais son propriétaire autorise les randonneurs à monter jusqu'au village abandonné. Continuer donc sur la piste qui mène à une grande esplanade bordée de maisons que l'on longe par la gauche.

Au fond, contourner la maison de maître et prendre la piste, barrée au départ, qui part à gauche et monte doucement parmi les chênes verts et les pins. Rester bien sur cette piste principale. Lorsqu'elle arrive à la hauteur du village abandonné, on la quitte dans un lacet, pour continuer tout droit sur le sentier qui part vers la base rocheuse du village. Au pied de l'église, une rampe d'accès permet d'atteindre à gauche la porte d'entrée du village.

Suivre le même itinéraire au retour.

Aux portes de la forteresse

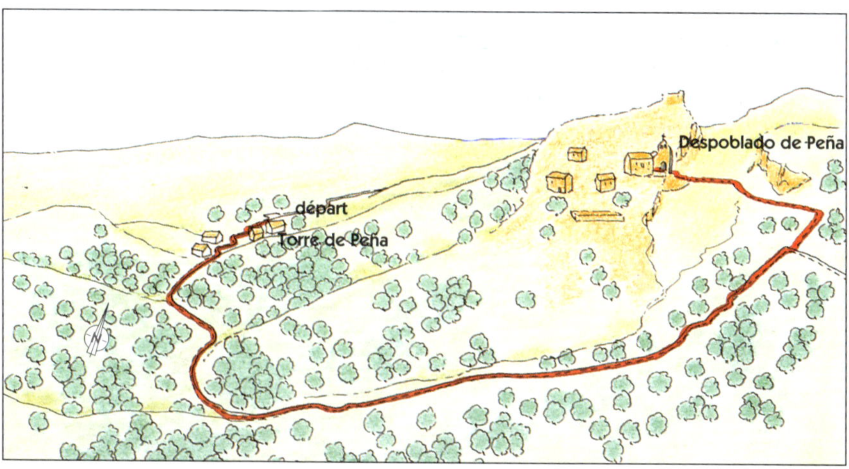

LEXIQUE

Quelques mots techniques et locaux pour mieux comprendre les cartes et les itinéraires.

Cairn : repère formé de quelques pierres entassées.

Cromlech : cercle de pierres à vocation funéraire.

Doline : dépression ovale ou circulaire en pays calcaire.

GR : sentier de grande randonnée.

Lapiaz : étendue calcaire crevassée, ciselée par les eaux.

Poudingue : roche composée de cailloux roulés, liés entre eux par un ciment naturel.

Talweg, thalweg : ligne de plus grande pente d'une vallée par laquelle se fait l'écoulement des eaux.

Aran : vallée.

Ardi : brebis.

Argi : lumière.

Beltz : noir.

Bide : chemin.

Borda : borde, bergerie.

Cayolar : cabane de berger.

Eder : beau.

Erreka : ruisseau.

Etxe, etche : maison.

Gorri : rouge.

Harri : rocher.

Ibar : plaine.

Iguski : soleil.

Ithuri : source.

Lepo : col.

Lorio : porche, renfoncement de la porte d'entrée.

Mendi : montagne.

Ur : eau.

Achevé d'imprimer
en Avril 1995
sur les presses
des Imprimeries Fournié
31131 Toulouse-Balma